Sammlung ratio

Heft 3

Zeugen der Anklage

Cicero, In Verrem

bearbeitet von
Elke Werrer

C.C. BUCHNERS VERLAG • BAMBERG

Sammlung ratio
Die Klassiker der lateinischen Schullektüre

Herausgegeben von Stefan Kipf und Michael Lobe

Heft 3: **Zeugen der Anklage. Cicero, In Verrem**
wurde bearbeitet von Elke Werrer

1. Auflage 1 $^{5\,4\,3\,2}$ 2014 13 12 11
Die letzte Zahl bedeutet das Jahr dieses Druckes.
Alle Drucke dieser Auflage sind, weil untereinander unverändert, nebeneinander benutzbar.

Dieses Werk folgt der reformierten Rechtschreibung und Zeichensetzung. Ausnahmen bilden Texte, bei denen künstlerische, philologische oder lizenzrechtliche Gründe einer Änderung entgegenstehen.

www.ccbuchner.de

Gestaltung: ideen.manufaktur | dortmund
Druck und Bindung: creo Druck & Medienservice GmbH, Bamberg

ISBN 978-3-7661-**7703**-2

Inhaltsverzeichnis

Warum auch immer ihr euch für den Prozess gegen Verres interessiert, ihr werdet möglicherweise enttäuscht werden, ihr werdet möglicherweise fassungslos sein. Was erwartet ihr denn? Einen schluchzenden Angeklagten? Reue? Geständnisse? Mordfälle? Spannende Plädoyers? Giftige Worte? Kann schon sein, dass da etwas davon vorkommt, ich weiß es selbst nicht, denn ich war nicht dabei. Ich habe mir vieles erzählen lassen, um zu erfahren, wie Cicero mit diesem Verres, diesem *iste*, umgegangen ist. Mein Freund Servilius hat mir eine Kurzzusammenfassung von Ciceros Reden gegen Verres aus Rom mitgebracht; er hat dort seine Tochter besucht und die hat sie ihm gegeben. Inzwischen denkt kaum noch einer in Rom an diesen Prozess, aber er darf nicht vergessen werden, *numquam*!

Ihr müsst euch darüber im Klaren sein, dass dieser Verres ein Scheusal ersten Ranges war, ein Monster, ein abgrundtief schlechter Mensch. Ich weiß, wovon ich rede, ich habe unter ihm gelitten wie ein Hund, und nicht nur unter ihm. Seine Freunde, seine Helfershelfer, sie haben mich gezwungen, in den Steinbrüchen zu arbeiten, weil ich seine Statue angespuckt hatte. Warum ich das getan habe und wieder tun würde? Weil er meinen Vater zu einem körperlichen und seelischen Wrack gemacht hat, durch Folter, durch Erniedrigung, durch Auspeitschen. Nur weil er ihm nicht beim Plündern eines Tempels geholfen hat! Das müsst ihr euch mal vorstellen: Weil mein Vater kein Verbrechen begehen wollte, keinen Frevel gegen die unsterblichen Götter, wurde er wie ein Schwerverbrecher bestraft! Allen, wirklich allen Göttern sei es geklagt, dass sie zuließen, dass ein solcher Mensch in unser Sizilien geschickt wurde, dass die Römer unser wunderschönes Sizilien überhaupt zu ihrer Provinz gemacht haben und dass sie ein solches *monstrum* hierher entsandt haben, dass er unser unschuldiges Sizilien mit Gier, Raub, Folter, Hurerei, mit allen Grausamkeiten überzogen hat. Ich kann nicht länger schreiben, meine Hände sind durch die schwere Arbeit in den Steinbrüchen nicht mehr dazu fähig. Mein Sohn hat mich in sein Haus aufgenommen und pflegt mich, bis die Götter mir ein hoffentlich erlösendes Ende bereiten werden. Vieles verblasst in der Erinnerung, dieses Aas verblasst nicht. Oft noch sehe ich ihn nachts in meinen Träumen auf seinem Richterstuhl, wie er hämisch meinen Vater wegwedelt wie eine Schmeißfliege, die ihm lästig ist. Aber: Ihr sollt euch selbst einen Eindruck machen von diesem widerlichen Edelschurken der Römer, diesen angeblichen Herrschern der Welt, die doch nur unser Bestes wollten und wollen! Ha! Unser Bestes! Wie ich ihn immer noch hasse, diesen Verres ... und wie ich ihn geliebt habe, diesen Cicero, als ich erfuhr, dass er uns alle hier rächen und diesen Hund zur Strecke bringen wollte. Lest mit mir seine Anklageschrift, und ihr werdet mich danach verstehen, hoffe ich. Und erzählt es weiter, damit Verres *in aeternum* zu den Verdammten der Unterwelt gehören und nie Ruhe finden wird. *Lest selbst, ihr Zeugen der Anklage!*

Ring frei zur ersten Runde! 1

Eugène Delacroix (1798-1863): Cicero beschuldigt Verres. Paris, Palais Bourbon

Das sommerlich heiße Rom wimmelte wegen der Volkszählung, der Wahlen und der bevorstehenden Spiele des Pompeius ohnehin bereits von Menschen. Dazu kamen noch die vielen Opfer des Verres, die angereist waren, um zu erleben, wie ihr Peiniger vor seine Richter tritt. Und wenn man sich dann vorstellt, dass sich an diesem Tag die beiden größten Redner ihrer Zeit ein Duell Mann gegen Mann liefern würden (...), dann kann man vielleicht erahnen, welche Atmosphäre an jenem Morgen im Gerichtshof für Erpressungen geherrscht hatte. (...) Cicero, der sich bis zum letzten Augenblick am Rand des Forums aufgehalten hatte, drängte sich nun durch die Menge und stieg die Stufen zu der Bank für die Anklagenvertretung hinauf. Plötzlich herrschte Ruhe, ein stummes erwartungsvolles Zittern lag in der reglosen Luft. Ohne auf die ermunternden Zurufe seiner Anhänger zu reagieren, drehte er sich um, hielt gegen die Sonne die Hand über die Augen, ließ den Blick langsam über die Menge schweifen und blinzelte rechts und links nach oben in den Himmel (...). Dann setzte er sich (...). Die Gerichtsdiener stellten Glabrios kurulischen Stuhl auf – das war das Zeichen, dass die Sitzung eröffnet war. Alles war bereit, nur Verres und Hortensius fehlten noch. Cicero war so gelassen, wie ich ihn noch nie gesehen hatte. Er lehnte sich zurück und flüsterte mir zu: „Der hat das hier gesehen und ist gleich wieder abgehauen, was meinst du?" Natürlich kam Verres doch noch – Glabrio schickte einen seiner Liktoren, um ihn zu holen. Aber Hortensius gab uns damit bereits einen Vorgeschmack auf seine Taktik, die da lautete, so viel Zeit wie möglich zu verschwenden. Schließlich, vielleicht eine Stunde zu spät, zwängte sich die makellos gekleidete Gestalt des designierten Konsuls unter ironischem Beifall durch die Zuschauermengen. Ihm folgte

(...) schließlich Verres selbst, dessen Gesicht wegen der Hitze röter als sonst aussah. (...) Der Zeitpunkt, um eine derart gewaltige Aufgabe in Angriff zu nehmen, hätte kaum ungünstiger sein können. Die Hitze war unerträglich, die Zuschauer waren inzwischen gelangweilt und unruhig, Hortensius blickte ihn mit affektiertem Grinsen an, und es blieben höchstens noch zwei Stunden, bevor das Gericht die Sitzung für heute schloss. (...). „Ehrenwerte Richter", sagte Cicero.
(Harris, S. 205ff.)

Zu Beginn der eigentlichen Anklagerede gegen Verres betont Cicero die staatspolitische Dimension des Prozesses. Die Ruhe im Staat, die Eintracht aller römischen Bürger scheint gefährdet, zumindest will Cicero das glauben machen. Auch er hat lange Zeit in Angst leben müssen wegen diesem *iste*, der vor ihm sitzt und sich in Sicherheit wiegt, da er viele Bestechungsversuche bei den Geschworenen unternommen hat. Weiß Cicero das?

M 2 Damals tagte das Gericht vor dem Tempel des Castor, der sich vom Senatsgebäude aus gesehen genau am gegenüberliegenden Ende des Forums befand. (...) Glabrios Stuhl war gerade auf der Plattform aufgestellt worden, die etwa auf halber Treppenhöhe entlang der Tempelvorderseite verlief, was bedeutete, dass das Gericht bereit war, die Arbeit aufzunehmen. (...) Seine Liktoren standen mit geschulterten Rutenbündeln und Beilen Seite an Seite ein paar Stufen weiter unten und stampften mit den Füßen auf. Es waren viele Menschen unterwegs, denn der Tempel des Castor beherbergte nicht nur den Gerichtshof für Erpressungen, sondern auch das Eichamt, wo Geschäftsleute ihre Gewichte und Waagen überprüfen lassen mussten.
(Harris, S. 131f.)

Überreste des Tempels von Castor und Pollux auf dem Forum Romanum in Rom

W neque ... neque · cōnārī · exter, era, erum · perniciēs · ōrdō · īnsidiae

G ut-Sätze

[...] Huic ego causae, iudices, cum summa voluntate et exspectatione populi Romani actor accessi, non ut augerem invidiam ordinis, sed ut infamiae communi succurrerem. Adduxi enim hominem, in quo reconciliare existimationem iudiciorum amissam, redire in gratiam cum populo Romano, satisfacere exteris nationibus possetis, depeculatorem aerarii, vexatorem Asiae atque Pamphyliae, praedonem iuris urbani, labem atque perniciem provinciae Siciliae. [...] Cum multae mihi a C. Verre insidiae terra marique factae sint, quas partim mea diligentia devitarim, partim amicorum studio officioque reppulerim, numquam tamen neque tantum periculum mihi adire visus sum neque tantopere pertimui ut nunc in ipso iudicio.

Neque tantum me exspectatio accusationis meae concursusque tantae multitudinis – quibus ego rebus vehementissime perturbor – commovet, quantum istius insidiae nefariae, quas uno tempore mihi, vobis, M. Glabrioni, populo Romano, sociis, exteris nationibus, ordini, nomini denique senatorio facere conatur: Ita dictitat [...] se tantum eripuisse, ut id multis satis esse possit; nihil esse tam sanctum, quod non violari, nihil tam munitum, quod non expugnari pecunia possit.

huic causae ~ hāc causā
exspectātiō ← exspectāre - **āctor:** Ankläger (*hier* präd.) - **ōrdō:** *hier:* Stand - **īnfāmia:** schlechter Ruf - **succurrere:** *hier:* (einem Übel) abhelfen - **in quō:** bei dem
reconciliāre: wiederherstellen
exīstimātiō ← exīstimāre
satisfacere: Genugtuung geben
dēpecūlātor, ōris: Plünderer
dēpecūlātōrem: auf hominem bezogen - **aerārium:** Staatskasse
vexātor, ōris: Quälgeist - **Pamphylia:** EV - **urbānus** ← urbs - **lābēs, is:** Schandfleck
partim ... partim: teils ... teils
īligentia: Sorgfalt - **dēvītāre** ~ vītāre **dēvītārim** ~ dēvītāverim
tantopere: so sehr - **pertimēre** ← timēre
tantum ... quantum: so sehr ... wie sehr - **accūsātiō** ← accūsāre
concursus: Zusammenströmen
M. Glabrio: EV

senātōrius ← senātor
dictitāre ← dīcere - **nihil ... sanctum:** abhg. von dictitat - **quod:** Relativpronomen - **expūgnāre:** erobern

1. Erklären Sie die Funktion des Genitivs *invidiam ordinis* (Z. 3) und begründen Sie seine Verwendung im Textzusammenhang.
2. Welche Sinnrichtungen haben die jeweiligen ut-Sätze?
3. Verres' Persönlichkeit bekommt allmählich Konturen. Beginnen Sie eine Charakterisierung von Verres und beziehen Sie dafür auch M 1 und M 2 auf S. 5 und 6 mit ein. Hilfen für eine Charakterisierung finden Sie im Anhang.
4. Wäre es denkbar, dass die Sichtweisen auf Verres unter den Geschworenen und in der Zuschauermenge unterschiedlich sind? Begründen Sie Ihre Meinung.
5. Unterscheiden Sie genau, auf wen Verres *insidiae nefariae* verübt haben soll, und versuchen Sie zu ergründen, welche Dimension Cicero dadurch dem Prozess zuschreibt.

Sarkophag-Relief eines Anwalts (3. Jh. n. Chr.)

i **Sarkophag-Relief eines Anwalts:** Ein Richter sitzt rechts auf einem blockförmigen, mit einem Tuch bedeckten Hocker, der auf einem hohen, mit Nägeln gezimmerten *tribunal* steht. Der Richter trägt die *toga*, hält in der Linken eine Buchrolle und hat die Rechte zur Rede erhoben. Vor seinen *tribunal* treten - deutlich größer dargestellt - der Anwalt und hinter ihm sein Klient. Der Anwalt kommt so im Zentrum der Darstellung zum Stehen. Er trägt wie der Richter die *toga*, hält in der Linken die Buchrolle und erwidert mit der erhobenen Rechten die Rede des Richters. Sein Klient hingegen trägt lediglich eine *tunica* und eine *paenula*. Er hat seine rechte Hand auf die Schulter des Anwalts gelegt und hält in der Linken ebenfalls eine Buchrolle.

Seht euch den Werdegang dieses habgierigen Schurken an! 2

Schnell kommt Cicero zu konkreten Vorwürfen gegen Verres, der vor allem in der Provinz Sizilien seinen Leidenschaften keine Grenzen auferlegte …

W spoliāre, nefārius, a, um, pudor, calamitās, crīmen, cōgnōscere

G Superlative, NcI

2 Hoc praetore Siculi neque suas leges neque nostra senatus consulta neque communia iura tenuerunt. Tantum quisque habet in Sicilia, quantum hominis avarissimi et libidinosissimi aut imprudentiam subterfugit aut satietati superfuit. Nulla res per triennium, nisi ad nutum istius, iudicata est. […] Innumerabiles pecuniae ex aratorum bonis novo nefarioque instituto coactae; socii fidelissimi in hostium numero existimati; cives Romani servilem in modum cruciati et necati; homines nocentissimi propter pecunias iudicio liberati; honestissimi atque integerrimi, absentes rei facti, indicta causa damnati et eiecti; portus munitissimi, maximae tutissimaeque urbes piratis praedonibusque patefactae; nautae militesque Siculorum, socii nostri atque amici, fame necati; classes optimae atque opportunissimae cum magna ignominia populi Romani amissae et perditae.

Idem iste praetor monumenta antiquissima, partim regum locupletissimorum, quae illi ornamento urbibus esse voluerunt, partim etiam nostrorum imperatorum, quae victores civitatibus Siculis aut dederunt aut reddiderunt, spoliavit nudavitque omnia. Neque hoc solum in statuis ornamentisque publicis fecit, sed etiam delubra omnia sanctissimis religionibus consecrata depeculatus est. Deum denique nullum Siculis, qui ei paulo magis adfabre atque antiquo artificio factus videretur, reliquit. In stupris vero et flagitiis nefarias eius libidines commemorare pudore deterreor; simul illorum calamitatem commemorando augere nolo, quibus liberos coniugesque suas integras ab istius petulantia conservare non licitum est. […] Hominem esse arbitror neminem, qui nomen istius audierit, quin facta quoque eius nefaria comemmorare possit, ut mihi magis timendum sit, ne multa crimina praetermittere quam ne qua in istum fingere existimer. Neque enim mihi videtur haec multitudo, quae ad audiendum convenit, cognoscere ex me causam voluisse, sed ea, quae scit, mecum recognoscere.

Siculī: EV – **cōnsultum:** Beschluss

tenēre: *hier:* behalten

avārus ← avāritia – tantum …, quantum … imprudentiam hominis … subterfugit – **imprūdentia:** Unkenntnis – **subterfugere** (+ Akk.): entwischen – **satietās, ātis:** Übersättigung – **triennium:** Zeitraum von drei Jahren – **nūtus, ūs:** Nicken

innumerābilis, e: unzählbar

arātor, ōris m: Bauer – **īnstitūtum:** Einrichtung – **fidēlis, e** ← fidēs

servīlis, e ← servus – **crūciāre:** quälen – **absēns, entis:** abwesend

reus: Angeklagter – **indīctā causā** (Abl. abs.): ohne Anhörung

pīrāta: (FW) – **patefacere** ~ aperīre

nauta, ae m: Seemann

opportūnus: günstig gelegen

īgnōminia: Schande

partim … partim: teils … teils

locuplēs, ētis: reich

ōrnāmentum ← ōrnāre – **victōres** (präd.)

nūdāre: Verb zu nūdus – **statua** (FW)

dēlūbrum ~ templum

religiō: *hier:* Kulthandlung

cōnsecrāre: weihen – **dēpecūlārī:** plündern – **paulō magis** (um): ein wenig mehr – **adfabrē** (Adv.): kunstgerecht – **artificium** (artem + facere) ~ ars – **stuprum:** Ehebruch – **commemorāre:** erwähnen

dēterrēre: abschrecken – **petulantia:** Frechheit – **licitum est:** Perf. Passiv von licet – **nēminem** ~ nūllum – **audīerit** ~ audīverit

praetermittere ~ praeterīre

causa: *hier:* Sachverhalt

recōgnōscere: sich (wieder) an etwas (+ Akk.) erinnern

1. Setzen Sie folgende Superlative des Textes in den jeweiligen Positiv und Komparativ:
   hominis avarissimi (Z. 3) - *homines nocentissimi* (Z. 9) - *monumenta antiquissima* (Z. 16) - *regum locupletissimorum* (Z. 16f.)!
2. Welche Stilfigur beherrscht den Abschnitt *innumerabiles ... perditae* (Z. 6-15)? Beschreiben Sie deren Wirkung an dieser Stelle der Rede.
3. Erläutern Sie die Funktion der Superlative von *socii fidelissimi ... classes opportunissimae* (Z. 7-14).
4. Lesen Sie nochmals den ganzen Text und fassen Sie die Vorwürfe gegen Verres zusammen. Ergänzen Sie die bisherige Charakterisierung.
5. An welchen Taten wird die Skrupellosigkeit des Verres vor allem deutlich?
6. Worin liegt der besondere rhetorische Kniff in den letzten zwei Sätzen des Abschnitts (Z. 28-34)?
7. Beschreiben Sie die Unterschiede der auf S. 8 und unten abgebildeten Gerichtsszenen, indem Sie vor allem die Darstellung des Richters und des Anwalts berücksichtigen und interpretieren.

Relief mit Gerichtsszene (1. Jh. v. Chr.): Im Zentrum der Darstellung sitzt ein stadtrömischer Prätor, der Gericht hält, neben ihm steht ein Liktor mit *fasces* (vgl. Abb. auf S. 31).

i **Gerichtsverfahren in Rom:** Wir verfügen zwar über keine detaillierten Kenntnisse über den Ablauf eines Gerichtsverfahrens zur Zeit Ciceros, gleichwohl lässt sich aber Folgendes sagen: Es gab keine Staatsanwälte wie heute, die Verbrechen verfolgten. Leichte Vergehen wurden in einem Zivilprozess über zu entrichtende Bußen verhandelt, bei schweren Vergehen mussten die Täter von einem Bürger - nicht unbedingt vom Geschädigten! - verfolgt und angeklagt werden. Der Ankläger bekam bei Erfolg einen Teil des konfiszierten Vermögens des Verurteilten als Lohn. Sollte er scheitern, drohte ihm seinerseits eine Anklage.

Für die Verurteilung von Straftaten wie Mord, Diebstahl und Waffenbesitz waren seit dem 3. Jh. v. Chr. die *tresviri capitales* zuständig, die eine Art Polizeigerichtsbarkeit vertraten.

In der späten Republik entwickelten sich die ständigen Gerichtshöfe (*quaestiones*), die vom Senat oder durch ein Plebiszit eingesetzt wurden. Ein Beamter oder auch mehrere gingen schwerwiegenden Straftaten nach. Wichtig für den Verres-Prozess ist, dass 149 v. Chr. mit der *lex Calpurnia de repetundis* ein erster ständiger Gerichtshof eingesetzt wurde, dem jedes Jahr ein Beamter, meist ein Prätor, zugeteilt wurde, um die Ausplünderung bzw. Untertanenerpressung (*crimen pecuniarum repetundarum*) der römischen Provinzen durch römische Amtsträger zu ahnden. Den Vorsitz hatte zwar ein Prätor, aber die Entscheidung lag bei einer Geschworenenriege aus Senatoren, die überwiegend vom Prätor selbst ausgewählt wurden, wobei aber sowohl Ankläger wie Verteidiger mithilfe eines Vetorechts manche Geschworene verhindern konnten. Sulla hatte 81 v. Chr. entgegen der Veränderungen durch die Gracchen-Brüder festgelegt, dass nur Senatoren Geschworenenrichter sein durften, so dass der Einfluss der Popularen vermindert wurde.

Zuvor hatte es immer wieder blutige Auseinandersetzungen zwischen Optimaten (*optimi*) und Popularen (*populares*) gegeben. Erstere wollten als Oberschicht die bestehenden Verhältnisse bewahren, wobei die Popularen, auch wenn sie selbst zum Teil adelig waren, volksnäher waren und dem *populus* zu mehr Rechten verhelfen wollten.

3 Zeugen der Anklage – bitte vortreten!

Cicero spricht die Taktik seiner Gegner an, auf Zeit zu spielen. Da einige Wochen mit vielen Festtagen und mit Spielen anstehen, könnte deren Plan aufgehen, die Verhandlungen bis ins nächste Jahr zu verzögern, wenn der Verres-Freund M. Caecilius Metellus den Vorsitz über das Gericht übernommen haben und Glabrio abgelöst sein würde. Cicero macht keinen Hehl daraus, dass er nicht bereit ist, in die (offensichtliche) Falle zu tappen:

M 3 „Was soll ich also tun? Wenn ich die Zeit in Anspruch nehme, die mir für meine Anklagerede nach dem Gesetz zusteht, dann laufe ich höchste Gefahr, dass mir der Angeklagte entwischt. ‚Streich deine Rede zusammen!', lautete der naheliegende Rat, den man mir erst vor wenigen Tagen gegeben hat. Ein guter Rat. Ich habe darüber nachgedacht, und dabei ist mir etwas noch Besseres eingefallen. ‚Meine Herren, ich werde auf die Anklagerede ganz verzichten!' ‚Du hast richtig gehört, Hortensius'*, sagte Cicero. ‚Ich spiele dein Spiel nicht mit. Ich werde die nächsten zehn Tage nicht mit der üblichen langen Anklagerede vergeuden und zulassen, dass sich der Fall bis in den Januar hineinzieht und du und Metellus als Konsuln eure Liktoren losschicken könnt, um sich meine Zeugen zu holen und ihnen so viel Angst einzujagen, dass sie den Mund nicht mehr aufmachen. (...) Ich werde meine Zeugen jetzt sofort aufrufen und dabei folgendermaßen vorgehen: Ich verlese den jeweiligen Anklagepunkt, kommentiere ihn und ziehe meine Schlussfolgerungen. Dann werde ich meinen Zeugen für diesen Anklagepunkt aufrufen und befragen." (Harris, S. 213f.)

[* Hortensius ist der Anwalt von Verres]

3 Haec primae actionis erit accusatio. Dicimus C. Verrem, cum multa libidinose, multa crudeliter, in civis Romanos atque in socios, multa in deos hominesque nefarie fecerit, tum praeterea quadringentiens sestertium ex Sicilia contra leges abstulisse. Hoc testibus, hoc tabulis privatis publicisque auctoritatibus ita vobis planum faciemus, ut hoc statuatis. [...] Dixi.

actiō, ōnis f: Verhandlung
accusātiō ← accūsāre
cīvis ~ cīvēs

quadringentiēns sēstertium: 40 Mio. Sesterzen

auctōritās: *hier:* Urkunde – **plānus:** deutlich – **statuere:** *hier:* ein Urteil fällen

1. Mit welchen Adverbien wird das Fehlverhalten von Verres charakterisiert?
2. Welche Beweismittel für seine Anklage führt Cicero im Einzelnen auf?

M. Tullius Cicero (106-43 v. Chr.)

Was für ein ...! 4

Cicero beschäftigt sich zunächst mit der Jugend, dem Werdegang und dem Umfeld des Verres.

W flāgitium, praeterīre, pudor, patī, crīmen, fūrtum

G Futur I, Konjunktiv Präsens im Hauptsatz

4 Itaque primum illum actum istius vitae turpissimum et flagitiosissimum praetermittam. Nihil a me de pueritiae suae flagitiis audiet, nihil ex illa impura adulescentia sua. [...] Omnia praeteribo, quae mihi turpia dictu videbuntur, neque solum quid istum audire, verum etiam quid me deceat dicere, considerabo. Vos, quaeso, date hoc et concedite pudori meo, ut aliquam partem de istius impudentia reticere possim. [...] Sileatur de nocturnis eius bacchationibus ac vigiliis; lenonum, aleatorum, perductorum nulla mentio fiat. Damna, dedecora [...] praetereantur; patiatur eius vita reliqua me hanc tantam iacturam criminum facere. Quaestor Cn. Papirio consuli fuisti abhinc annos quattuordecim. Ex ea die ad hanc diem quae fecisti, in iudicium voco: Hora nulla vacua a furto, scelere, crudelitate, flagitio reperietur.

actus, ūs m: *hier:* Abschnitt

praetermittere ~ omittere – **pueritia:** Kindheit – **audiet:** Subjekt ist Verres – **adulēscentia** (← adulēscēns): Jugend(zeit) – **dictū** (Supin): zu sagen

dēcet: es gehört sich

cōnsīderāre: erwägen – **quaesō:** ich bitte – **impudentia** (← pudor): Schamlosigkeit – **reticēre** (← tacēre): verschweigen – **silēre** ~ tacēre

bacchātiō, ōnis f: Orgie

vigilia: Nachtwache – **lēnō, ōnis** m: Verführer – **āleātor, ōris:** (Würfel) Spieler – **perductor, ōris:** Zuhälter

mentiō f: Erwähnung – **damnum:** Verlust – **dēdecus, oris** n: Schandtat – **iactūra:** Aufwand – **Cn. Papirius:** EV – **abhinc** (+ Akk.): vor

Ordne: Quae ex eā diē ... fēcistī, in ... vocō. – **vacuus** (ā): frei (von etwas)

1. Setzen Sie die Charakteristik von Verres fort: Welche Aspekte werden hinzugefügt, was erscheint Cicero wichtig, was lässt er (angeblich) beiseite?
2. Wie ließe sich die Überschrift dieses Kapitels sinngemäß ergänzen?
3. Welche Stilfigur wendet Cicero hier mustergültig an? Was ist der Zweck dieses rhetorischen Verfahrens?
4. Welchen Zeitraum will Cicero in seiner Anklage einzig berücksichtigen?

Spieler in einer Schenke, Wandzeichnung aus Pompeji (1. Jh. n. Chr.)

i Alea iacta est: Das Würfelspiel war die Lieblingsbeschäftigung der Römer in ihrer Freizeit. Gewürfelt wurde bei Gastmählern, in Thermen, in Kneipen, überall dort, wo man sich vergnügte und feierte: „Nachdem wir genug geschmaust hatten und gezecht, verlangt' er den Würfel, fordert mich zum Spielen auf. Ich setze meinen Mantel, er seinen Ring." (Plautus, *Curculio* 354ff.) Offiziell war das Würfeln, bei dem es oft um hohe Spielsummen ging, verboten und nur an den Saturnalien erlaubt, doch kaum ein Römer kümmerte sich darum.

5 Ein Skandal!

Im Folgenden wird geschildert, wie Verres sich vor seiner Statthalterschaft in Sizilien in Kleinasien verhalten hat. Dort war er in der Funktion eines *legatus pro quaestore*, d.h. eines Gesandten im Quästorenrang, unterwegs und unterstand dem Proprätor der Provinz Cilicia, Dollabella, der sich ebenfalls wie Verres skrupellos bereichert hatte. In der kleinasiatischen Stadt Lampsakos ließ sich Verres bei einem gewissen Janitor einquartieren und plante – mit Unterstützung seiner Begleiter – bald Schlimmes.

W morārī, virgō, habitāre, hospēs, simul, īnstare

G Oratio obliqua, Ablativus qualitatis

5 Ut mos erat istius, atque ut eum suae libidines flagitiosae facere admonebant, statim negotium dat illis suis comitibus, nequissimis turpissimisque hominibus, uti videant et investigent, ecqua virgo sit aut mulier digna, quam ob rem ipse Lampsaci diutius commoraretur. Erat comes eius Rubrius quidam, homo factus ad istius libidines, qui miro artificio, quocumque venerat, haec investigare omnia solebat. Is ad eum rem istam defert Philodamum esse quendam, genere, honore, copiis, existimatione facile principem Lampsacenorum; eius esse filiam, quae cum patre habitaret, propterea quod virum non haberet, mulierem eximia pulchritudine; sed eam summa integritate pudicitiaque existimari. Homo, ut haec audivit, sic exarsit [...], ut statim ad Philodamum migrare se diceret velle.

admonēre: *hier:* auffordern
nēquissimus: äußerst nichtsnutzig
utī ~ ut – **investīgāre:** nachforschen – **ecqua** (adj. f.): (ob) etwa irgendeine?
Lampsacī: in Lampsakos – **commorārī** ~ morārī – **artificium** ~ ars – **quōcumque:** wohin auch immer

cōpiae: *hier:* Vermögen – **existimātiō** ← existimāre – **Lampsacēnī, ōrum:** Einwohner von Lampsakos
propterea quod ~ quia – **eximius:** außerordentlich – **pulchritūdō, inis** f ← pulcher – **integritās, ātis** f ← integer – **exārdēre** ~ ārdēre
migrāre ~ īre

Bankettszene, Wandmalerei aus Pompeji (1. Jh. n. Chr.): Die Gäste werden von Sklaven umsorgt. Rechts stützt ein Sklave einen betrunkenen Mann, links zieht ein Sklave einem weiteren Gast die Schuhe aus.

1. Suchen Sie aus dem Text zwei *ablativi qualitatis* heraus und erklären Sie ihre Funktion im Textzusammenhang.
2. Was ist die vordringliche Aufgabe eines römischen Gesandten (*legatus*)? Informieren Sie sich in Nachschlagewerken. – Wie verhält sich Verres dagegen?

Verres befiehlt, dass sein Gefährte Rubrius bei Philodamus Quartier nehmen solle. Dieser angesehene Lampsakener sieht sich allerdings nicht dafür zuständig, Begleiter von römischen Beamten - und nicht diese selbst - unterzubringen. Dennoch setzt Verres seinen Willen durch und Rubrius lädt bald darauf seinen Vorgesetzten samt „Freunden" in das Haus des Römerfreundes Philodamus ein.

M 4 Das Haus des Philodamus ist reich ausgestattet. Glänzend und üppig ist der große Speisesaal hergerichtet. Silberbeschlagene Sessel mit Kissen, die mit kostbaren Stoffen überzogen sind, schmücken den Raum. Eine große Wasseruhr steht an einer Wand, mit lautem Schall zeigt sie wie ein Hornbläser die Stunden an. Fein gewirkte, goldbestickte Purpurteppiche bedecken die Diwane. Auf der Tafel sieht man die Silbergefäße, die der Stolz des Philodamus sind und die er in vielen Jahren gesammelt hat. Korinthische Prachthumpen aus Bronze, Vasen mit Reliefs stehen umher. Elfenbeinschnitzereien gibt es und wunderbare Gemälde. Ein prachtvoller metallener Pferdeschmuck stammt aus dem Nachlass eines Königs. Der Hausherr eröffnet das Gelage. Verres hat einen Ehrenplatz in der Mitte. (Weil, S. 19)

1. Was führt Verres im Schilde? Stellen Sie Vermutungen an, wie er dabei vorgehen könnte.
2. Suchen Sie in der abgebildeten Szene einer pompejanischen Wandmalerei (S. 14) Übereinstimmungen mit dem bereits übersetzten und dem folgenden Text (S. 16).

Rekonstruktion einer prachtvoll ausgestatteten Villa in Stabiae

6 Fit sermo inter eos et invitatio, ut Graeco more biberetur; hortatur hospes, poscunt maioribus poculis, celebratur omnium sermone laetitiaque convivium. Posteaquam satis calere res Rubrio visa est, „Quaeso", inquit, „Philodame, cur ad nos filiam tuam non intro vocari iubes?" (Pater) [...] obstipuit hominis improbi dicto. Instare Rubrius. Tum ille, ut aliquid responderet, negavit moris esse Graecorum, ut in convivio virorum accumberent mulieres. Hic tum alius ex alia parte, „enim vero ferendum hoc quidem non est; vocetur mulier!" et simul servis suis Rubrius, ut ianuam clauderent et ipsi ad foris adsisterent, imperat. Quod ubi ille intellexit id agi atque id parari, ut filiae suae vis adferretur, servos suos ad se vocat; his imperat, ut se ipsum neglegant, filiam defendant; excurrat aliquis, qui hoc tantum domestici mali filio nuntiet. Clamor interea fit tota domo; pugna inter servos Rubri atque hospitis; iactatur domi suae vir primarius et homo honestissimus; pro se quisque manus adfert; aqua denique ferventi a Rubrio ipso Philodamus perfunditur. Haec ubi filio nuntiata sunt, statim exanimatus ad aedis contendit, ut et vitae patris et pudicitiae sororis succurreret; omnes eodem animo Lampsaceni, simul ut hoc audierunt, quod eos cum Philodami dignitas tum iniuriae magnitudo movebat, ad aedis noctu convenerunt. Hic lictor istius Cornelius, qui cum eius servis erat a Rubrio quasi in praesidio ad auferendam mulierem conlocatus, occiditur; servi nonnulli vulnerantur; ipse Rubrius in turba sauciatur. Iste, qui sua cupiditate tantos tumultus concitatos videret, cupere aliqua evolare, si posset.

invītātiō: Einladung - **Graecō mōre:** d.h. unvermischter Wein
pōculum: Becher - **celebrāre:** feiern - **posteāquam** ~ postquam
calēre: *hier:* mit Eifer betrieben werden - **quaesō:** ich bitte
intrō (Adv.): herein - **obstupēscere** (Perf. obstipuī): staunen - **dictum** ~ verbum - **īnstare** (histor. Infinitiv): *hier:* darauf bestehen
accumbere: sich zu Tisch legen

iānua: (Haus)Tür
foris, is: Tür(flügel) - **foris** ~ forēs
adsistere ~ cōnsistere - **alci vim adferre:** jmdm. Gewalt antun

excurrere: hinauslaufen
domesticī malī: (Gen. part. zu tantum) Unheil für die Familie
Rubrī ~ Rubriī - **iactāre:** *hier:* hin und her treiben - **prīmārius:** ausgezeichnet - **manūs adferre:** *hier:* um sich schlagen - **fervēre:** kochen - **perfundere:** übergießen
exanimātus: atemlos - **aedis** ~ aedēs - **succurrere:** zu Hilfe kommen

cum ... tum ... ~ et ... et ...
aedis ~ aedēs - **noctū** nachts

conlocāre ~ collocāre
vulnerāre ← vulnus - **sauciāre** ~ vulnerāre - **tumultus, ūs** m. ~ turba
cōncitāre: anstacheln - **cupere** histor. Infinitiv - **aliquā** <viā>
evolāre ~ fugere

1. Zeichnen Sie die einzelnen Steigerungsstufen des geplanten Übergriffs auf die Tochter des Hausherrn nach.
2. Versuchen Sie, Ciceros Gebrauch der direkten Rede und des Präsens als Erzähltempus zu erklären.

In Lampsakos findet eine Volksversammlung statt, bei der alle Bewohner empört und wütend eine Bestrafung des Verres fordern. Sie sind sich einig, dass sie keine Angst vor dem mächtigen Rom haben müssen, wenn sie einen römischen Beamten unter diesen Bedingungen seiner gerechten Strafe zuführen wollen: Die Lampsakener zünden gemeinschaftlich das Haus von Verres an. Dieser kann sich durch Flucht weiteren Vergeltungsmaßnahmen entziehen. Allerdings gelingt es ihm, einen Prozess gegen Philodamus und dessen Sohn anzustrengen, in dem die beiden wegen angeblichen Totschlags an seinem Liktor Cornelius, der im Handgemenge des Gastmahls erfolgt sein soll, angeklagt und zum Tode verurteilt werden. Dieser Prozess findet in der Stadt Laodicea statt, wo der Statthalter Dolabella residiert, der Verres unbedingt zu einem Sieg verhelfen will.

7 Constituitur in foro Laodiceae spectaculum acerbum et miserum et grave toti Asiae provinciae, grandis natu parens adductus ad supplicium, ex altera parte filius, ille quod pudicitiam liberorum, hic quod vitam patris famamque sororis defenderat. Flebat uterque non de suo supplicio, sed pater de fili morte, de patris filius. Quid lacrimarum ipsum Neronem putatis profudisse? Quem fletum totius Asiae fuisse, quem luctum et gemitum Lampsacenorum? Securi esse percussos homines innocentis nobilis, socios populi Romani atque amicos, propter hominis flagitiosissimi singularem nequitiam atque improbissimam cupiditatem!

Laōdicēae: in Laodicea (EV)
spectāculum (FW)
grandis natū: hochbetagt

fīlī ~ fīliī - **Nēro:** Name des Richters
profundere (Perf. profūdī): vergießen - **flētus, ūs** m ← flēre - **lūctus, ūs** m: Trauer - **secūris, is** f. (Abl: -i): Beil - **percutere** (PPP percussum): *hier:* töten - **innocentis** ~ innocentēs **nōbilis** ~ nōbilēs - **singulāris, e:** einzigartig

Lage von Laodicea, wo Philodamus und seinem Sohn der Prozess gemacht wurde.

Antike Überreste in Laodicea in der heutigen Türkei

6 Runter vom Sockel – Widerstand regt sich!

Cicero hat bisher detailliert Verbrechen des Verres an unterschiedlichen Schauplätzen im Römischen Reich geschildert, die eigentlich nicht Gegenstand der Anklage sind, aber bereits seine perfiden Methoden zeigen sollen, die er während seiner Statthalterschaft in Sizilien noch verfeinert und ausgebaut hat.
Bevor Cicero auf die kriminellen Machenschaften von Verres in dieser Provinz eingeht, beschreibt er zunächst den Hass, den die Einwohner Siziliens im Laufe seiner Unrechtsherrschaft entwickelt haben.

W accīdit, crēdere, imperium, vestīgium

G Irrealis

8 De quo hoc homine auditum est umquam, quod tibi accidit, ut eius in provincia statuae in locis publicis positae, partim etiam in aedibus sacris, per vim et per universam multitudinem deicerentur? Tot homines in Asia nocentes, tot in Africa, tot in Hispania, Gallia, Sardinia, tot in ipsa Sicilia fuerunt: Ecquo de homine hoc umquam audivistis? Novum est, iudices, in Siculis quidem et in omnibus Graecis monstri simile. Non crederem hoc de statuis, nisi iacentis revulsasque vidissem [...]. Quanta illuc multitudo, quanta vis hominum convenisse dicebatur tum, cum statuae sunt illius deiectae et eversae! At quo loco! Celeberrimo ac religiosissimo, ante ipsum Serapim, in primo aditu vestibuloque templi. Quod nisi Metellus hoc tam graviter egisset atque illam rem imperio edictoque prohibuisset, vestigium statuarum istius in tota Sicilia nullum esset relictum.

hoc: Nom. Sg. – **tibi:** Verres wird angesprochen – **partim** (Adv.): zum Teil

dēicere: umwerfen

ecquī, -quae, -quod (Fragepron.): etwa irgendeiner?
mōnstrum (FW) – **similis:** hier m. Gen. – **iacentis** ~ iacentēs – **revellere** (PPP revulsum): umreißen

ēvertere (PPP ēversum): umstürzen
celeber, bris, bre: berühmt
religiōsus: heilig – **Serāpim** (Akk.): EV – **prīmus aditus, ūs** m: Eingangshalle – **vestibulum:** Vorplatz – **Metellus:** EV – **alqd graviter agere:** gegen etwas streng vorgehen – **ēdictum:** amtliche Verfügung

1. Nennen Sie die Irrealisformen und beschreiben Sie ihre Funktion in diesem Redeteil.
2. Stellen Sie Überlegungen an, warum Statuen von unliebsamen Herrschern „gestürzt" oder Herrschaftssymbole zerstört werden! Beziehen Sie dabei die nachfolgenden Informationen und Bilder mit ein!
3. Verres ließ zu seinen Ehren Feste veranstalten, die sogenannten *Verria*. Verfassen Sie eine Eröffnungsrede zu solch einem Fest, die Verres halten könnte.

Das Standbild von Saddam Hussein wird am 9. April 2003 in Bagdad demontiert.

Sprengung des Hakenkreuzes auf dem Reichsparteitagsgelände in Nürnberg am 22. April 1945

i **damnatio memoriae** (Austilgung des Andenkens) bedeutet die völlige Auslöschung des Andenkens an eine Person durch die Nachwelt. Wer im antiken Rom wegen Hochverrats zum Tode verurteilt worden war, konnte neben der Einziehung seines Vermögens auch noch zur *damnatio memoriae* verurteilt werden: Es wurde ihm das Grabrecht entzogen, den Verwandten verboten, um ihn zu trauern, die ihm zu Ehren errichteten Standbilder wurden umgestürzt, seine Angehörigen durften seine *imago* nicht einmal im Hause haben und sein Name wurde aus allen öffentlichen Denkmälern und auch privaten Urkunden getilgt. Bisweilen wurde auch die Fortführung des Praenomens des Verurteilten in seiner *gens* untersagt. Die Namen besonders verachteter und verhasster Personen wurden aus sämtlichen Annalen gelöscht und in der Zukunft wurde tunlichst vermieden, den Verurteilten in irgendeiner Weise zu erwähnen. Diese Maßnahmen sollten zu einem weitgehenden Vergessen des Betreffenden führen.

7 Der Helfershelfer Apronius

Ohne die Unterstützung von einheimischen Helfern hätte Verres sein korruptes, erpresserisches Herrschaftssystem in der Provinz Sizilien kaum aufrechterhalten können. Daher folgt nun das Porträt eines Mannes, der zu Verres die besten Beziehungen hatte und daraus Profit ziehen konnte, aber auch von ihm benutzt wurde. Dieser Mann, Apronius, war Zehntpächter, d.h. er trieb den zehnten Teil der Getreideernte ein, der (offiziell) von den Bauern nach Rom als Steuer abgeführt werden musste.

W vultus
flāgitium
similis (mit Gen./Dat.)
parum
nē ... quidem
ōdisse

G ut-Sätze

9 Aspicite, iudices, vultum hominis et aspectum [...]. Hic est Apronius, quem in provincia tota Verres, cum undique nequissimos homines conquisisset, et cum ipse secum sui similis duxisset non parum multos, nequitia luxuria audacia sui simillimum iudicavit [...]. Verris mores improbos impurosque nostis: Fingite vobis, si potestis, aliquem, qui in omnibus isti rebus par ad omnium flagitiorum nefarias libidines esse possit; is erit Apronius ille, qui, ut ipse non solum vita, sed corpore atque ore significat, immensa aliqua vorago est aut gurges vitiorum turpitudinumque omnium. Hunc in omnibus stupris, hunc in fanorum expilationibus, hunc in impuris conviviis principem adhibebat; tantamque habet morum similitudo coniunctionem atque concordiam, ut Apronius, qui aliis inhumanus ac barbarus, isti uni commodus ac disertus videretur; ut, quem omnes odissent neque videre vellent, sine eo iste esse non posset; ut, cum alii ne conviviis quidem isdem, quibus Apronius, hic isdem etiam poculis uteretur; postremo ut odor Aproni taeterrimus oris et corporis, - quem, ut aiunt, ne bestiae quidem ferre possent -, uni isti suavis et iucundus videretur. Ille erat in tribunali proximus [...]. Hunc [...] principem Verres ad fortunas aratorum vexandas diripiendasque esse voluit: Huius audaciae nequitiae crudelitati fidelissimos socios optimosque civis scitote hoc praetore traditos, iudices [...].

aspectus, ūs m ← aspicere

nēquissimus: äußerst nichtsnutzig
conquīrere: zusammensuchen
similis ~ similēs - **luxuria:** Genusssucht - **imillimum:** gemeint ist Apronius - **nōstis** ~ nōvīstis

pār, paris: gleich

sīgnificāre: anzeigen - **immēnsus:** unermesslich (groß) - **vorāgō** f: Schlund **gurges:** Abgrund
stuprum: Schändung - **fānum** ~ templum - **expīlātiō:** Ausplünderung **prīncipem adhibēre:** als Hauptperson hinzuziehen
coniūnctiō, ōnis f ← coniungere
concordia: Eintracht
disertus: (rede)gewandt
cum aliī ... <interessent>, **quibus Aprōnius** <interesset>

pōculum: Becher - **odor, ōris** m: Geruch - **Apronī** ~ Aproniī
taeter, tra, trum: abstoßend
suāvis, e: süß
tribūnal, ālis n: Richterstuhl
prīnceps esse ad: zuständig sein für
arātor: Bauer - **vexāre:** heimsuchen
dīripere: plündern - **fidēlis, e:** zuverlässig - **cīvis** ~ cīvēs - **huius** ... **trāditos** <esse>

1. Bestimmen Sie die Sinnrichtung der konjunktivischen ut-Sätze.
2. Suchen Sie im Text drei Stilfiguren und erläutern Sie ihre Funktion und Wirkung an der jeweiligen Stelle.

3. Welche körperlichen Eigenschaften des Apronius erwähnt Cicero im Einzelnen? Wie deutet er sie? Stellen Sie die Eigenschaften zusammen, mit denen Apronius beschrieben wird.

Cicero nennt viele weitere Opfer des Apronius, etwa Polemarchos, der eine bestimmte Abgabe entrichten soll, aber die Mittel nicht zur Verfügung hat:

M 5 Als er das ablehnte, schleppte man ihn in die Wohnung des Verres vor Gericht und führte ihn, während Verres noch im Bett lag, in dessen Schlafzimmer, das außer Weibern und Zehntpächtern (z.B. Apronius) sonst niemand betreten durfte. Dort bearbeitete man ihn mit Faustschlägen und Fußtritten; da versprach er, der auf 700 Scheffel nicht hatte eingehen wollen, derer tausend. Grosphus Eubulidas ist in seiner Heimat nicht nur durch Verdienste und vornehme Herkunft, sondern auch durch sein Vermögen einer der Ersten. Diesem Manne, ihr Richter, dem hochangesehenen Bürger einer hochangesehenen Gemeinde blieb, müsst ihr wissen, nicht nur von seinem Getreide, sondern auch von seinem Leben und Blut gerade so viel übrig, wie die Willkür des Apronius zuließ. Denn durch Gewalttätigkeiten, Schikane und Schläge brachte man ihn dazu, dass er nicht so viel Getreide ablieferte, wie er schuldete, sondern wie man ihm abzwang. Sostratos und Numenios und Nymphodoros, drei Brüder derselben Gemeinde, die gemeinsam wirtschafteten, waren von ihren Höfen geflohen, weil man ihnen mehr Getreide abzuliefern befahl, als sie geerntet hatten. Apronius holte sich Leute zusammen und erschien auf ihren Gütern; er schleppte alle Geräte weg, nahm die Sklaven mit und trieb das Vieh fort. Als Nymphodoros darauf zu ihm nach Ätna kam und darum bat, ihm sein Eigentum zurückzugeben, ließ er den Mann festnehmen und an einem wilden Ölbaum aufhängen; dieser Baum steht auf dem Marktplatz von Ätna, ihr Richter. Nymphodoros, ein Bundesgenosse und Freund des römischen Volkes, euer Bauer und Landwirt, hing so lange in der Stadt und auf dem Marktplatz der Bundesgenossen an dem Baume, wie der Wille des Apronius es haben wollte. (*In Verrem* 2, 3, 56-57 mit Ausl.; Übersetzung: G. Krüger)

1. Ergänzen Sie die Beschreibung des Apronius – Hilfestellungen zur Charakterisierung finden Sie im Anhang.
2. Wozu dient die ausführliche Charakterisierung von Apronius eigentlich?
3. In welches Licht wird Verres hier von seinem Ankläger gerückt?

Ein römischer Steuereintreiber (*publicanus*) bei der Arbeit, Relief (2. / 3. Jh. n. Chr.)

Die Herrschaftsstruktur, die Verres mit Apronius und weiteren Untergebenen aufgebaut hat, kann in einigen Aspekten mit der heutigen Mafia beispielsweise in Sizilien, der Cosa Nostra, verglichen werden. So beschreibt Leoluca Orlando, ein italienischer Politiker, dessen Widerstand gegen die Mafia große Berühmtheit erlangte, im Folgenden die Wurzeln der Mafia:

M 6

Die Mafia war im Leben Siziliens auf gespenstische Art gegenwärtig. (...) Seit Generationen leben wir Sizilianer mit der Mafia, doch wir verbannen sie rigoros sowohl aus unseren Gesprächen als auch aus unserem Denken. Erst seit relativ kurzer Zeit beginnen wir rückwärts gerichtet die Wirkung zu verstehen, die der „Krake" - ein bildlicher Ausdruck für die Cosa Nostra („Unsere Sache"), den zuerst ein Richter benutzte und der bald darauf allgemein gebräuchlich wurde - auf unsere Geschichte und Kultur gehabt hat.

Sizilien ist jedenfalls genau der Ort, an dem sich ein Phänomen der Mafia entwickeln konnte: Wir Sizilianer waren selbst niemals wirklich Herren in unserem eigenen Land. Wir waren stets eine Kolonie und, was noch schlimmer ist, eine Kolonie, die von einem Herrscher an den anderen weitergereicht wurde. (...) Sizilien war immer ein Land, das ausgebeutet wurde. (L. Orlando: Ich sollte der Nächste sein. Zivilcourage - die Chance gegen Korruption und Terror, Freiburg[5] 2007, S. 13f)

Leoluca Orlando (2003)

1. Informieren Sie sich über Vorgehensweisen der Mafia (z. B. auf der Internetseite http://www.bornpower.de/mafia/ita-aufbau.htm) und tauschen Sie ihr Wissen darüber untereinander aus.
2. Vergleichen Sie im Anschluss daran deren Vorgehensweisen und Auswirkungen auf die Gesellschaft mit denen von Apronius und Verres und beziehen Sie in Ihre Überlegungen durch aus auch die Gegenwart mit ein.

Folter in Tyndaris 8

Verres verlangte von den Einwohnern von Tyndaris, einer Stadt an der Nordküste Siziliens, die unverzügliche Herausgabe eines Merkur-Standbildes. Cicero attackiert ihn scharf wegen dieses Vergehens, das nur seine Leidenschaft als Kunstsammler befriedigen sollte.

W simulācrum, tollere, indicium, oportet, praeceps, aes, aeris n.

G Irrealis

10 [...] a Tyndaritanis [...] positum simulacrum Mercuri pulcherrime factum sustulisti? At quem ad modum, di immortales! Quam audacter, quam libidinose, quam impudenter! Audistis nuper dicere legatos Tyndaritanos, homines honestissimos ac principes civitatis, Mercurium, qui sacris anniversariis apud eos ac summa religione coleretur, quem P. Africanus Carthagine capta Tyndaritanis non solum suae victoriae, sed etiam illorum fidei societatisque monumentum atque indicium dedisset, huius vi scelere imperioque esse sublatum. Qui ut primum in illud oppidum venit, statim, tamquam ita fieri non solum oporteret, sed etiam necesse esset, tamquam hoc senatus mandasset populusque Romanus iussisset, ita, continuo signum ut demolirentur et Messanam deportarent, imperavit.

Tyndarītānī, ōrum: EV

audācter (Adv.) ← audācia
impudēns, entis (←pudor): schamlos – **audīstis** ~ audīvīstis
sacra, ōrum anniversāria n: jährliche Opferfeste – Zweiter AcI nach dīcere: Mercurium ... esse sublātum
P. (Cornelius) **Africanus:** EV
Carthāgō, inis f: Karthago
fidēs societāsque: Bündnistreue
indicium ~ sīgnum – präd. übers.: monumentum atque indicium
K. statim ... ita ... imperāvit, ut ...
mandāre: auftragen – **mandāsset** ~ mandāvisset
continuō: (Adv.) unverzüglich
dēmōlīrī: abreißen
dēportāre: wegbringen

1. Fassen Sie nach Art einer Zeitungsnachricht die wesentlichen Informationen zusammen. Vergleichen Sie dann die Fakten mit Ciceros Text. Was fällt Ihnen bei seiner Gestaltung auf?
2. *quam audacter, quam libidinose, quam impudenter*! (Z. 3): Bestimmen Sie die Stilfiguren in diesem Satz sowie deren Funktion und Wirkung.
3. Analysieren Sie die Satzstruktur von *Qui ... imperavit.* (Z. 10-14) nach der Einrückmethode.
4. P. Africanus war für die meisten Römer wegen seiner militärischen Erfolge gegen die Erzfeindin Karthago unantastbar. Warum erwähnt Cicero P. Africanus hier?
5. Welche weiteren Charaktereigenschaften von Verres treten hervor?

Römische Bronze-Statue des Götterboten Merkur (2. Jh. n. Chr.)

Bei den Einwohnern von Tyndaris regt sich schnell Widerstand gegen den Abtransport der Statue, so dass Verres den Beamten Sopatros beauftragt, den Abbau des Standbildes zu veranlassen. Als Verres nach seiner Rückkehr erfährt, dass sich der Rat der Stadt vehement weigert, den Merkur an Verres zu übergeben, droht dieser dem Sopatros mit dem Tod. Sopatros kann – trotz seiner Tränen und offensichtlichen Verzweiflung – beim Rat nichts erreichen, und es kommt, wie es kommen muss:

11 Erat hiems summa, tempestas, ut ipsum Sopatrum dicere audistis, perfrigida, imber maximus, cum iste imperat lictoribus, ut Sopatrum de porticu, in qua ipse sedebat, praecipitem in forum deiciant nudumque constituant. Vix erat hoc plane imperatum, cum illum spoliatum stipatumque lictoribus videres. Omnes id fore putabant, ut miser atque innocens virgis caederetur; fefellit hic homines opinio. Virgis iste caederet sine causa socium populi Romani atque amicum? Non usque eo est improbus; non omnia sunt in uno vitia; numquam fuit crudelis. Leniter hominem clementerque accepit. Equestres sunt medio in foro Marcellorum statuae, sicut fere ceteris in oppidis Siciliae; ex quibus iste C. Marcelli statuam delegit, cuius officia in illam civitatem totamque provinciam recentissima erant et maxima; in ea Sopatrum, hominem cum domi nobilem tum summo magistratu praeditum, divaricari ac deligari iubet. Quo cruciatu sit adfectus, venire in mentem necesse est omnibus, cum esset vinctus nudus in aere, in imbri, in frigore. Neque tamen finis huic iniuriae crudelitatique fiebat, donec populus atque universa multitudo, atrocitate rei misericordiaque commota, senatum clamore coegit, ut isti simulacrum illud Mercuri polliceretur. [...] Tum frequens senatus ad istum venit, pollicetur signum. Ita Sopater de statua C. Marcelli, cum iam paene obriguisset, vix vivus aufertur.

Sopater, Sopatri: EV
audīstis ~ audīvīstis – **perfrīgidus:** sehr kalt – **imber** m: Regen
porticus, ūs f: Säulenhalle – **dēicere:** hinabstoßen – **cōnstituere:** *hier:* hinstellen – **plānē** (Adv.) ganz – **stīpāre:** umringen – **fore** ~ futūrum esse
virga: Stock
ūsque eō: so weit
lēnis, e: sanft – **clēmēns:** mild
accipere: *hier:* jmdn. behandeln
statua equestris: Reiterstatue
Marcellī: die Marceller waren Schutzherren Siziliens
C. Marcellus: EV – **recentissima et maxima:** noch in sehr guter Erinnerung
cum ... tum ... ~ et ... et ...
praeditus: ausgestattet (mit) – **dīvāricāre:** auseinander spreizen
dēligāre: befestigen
adfectus ~ affectus – **vincīre** (PPP vinctum): fesseln – **frīgus, oris:** Kälte – **dōnec:** solange bis
atrōcitās, ātis f: Grässlichkeit
misericordia: Mitleid
Mercuri ~ Mercuriī
obrigēscere (Perf. obriguī): erstarren

1. Wo verwendet Cicero das Stilmittel der Ironie? Welche Absicht steckt dahinter?
2. Der Satzbau in diesem Abschnitt weist viele Inversionen auf. Suchen Sie solche Umstellungen und begründen Sie ihre Anwendung.
3. Welche Bedeutung hat der Umstand, dass Sopatros an die Statue des Marcellus gebunden wird?
4. Erheben Sie im Namen eines Anwalts von Sopatros Anklage gegen Verres.

5. Vergleichen Sie die Behandlung des Sopatros mit folgenden modernen Texten. Entscheiden Sie, ob die hier getroffene Definition von Folter auf den Fall des Sopatros zutrifft.
6. Diskutieren Sie, welchen Schutz unser Rechtssystem seinen Bürgern bietet.

Die Statue des Marcellus ist leider nicht mehr erhalten. Aber im Grundsatz dürfte sein Standbild so ausgesehen haben wie die Bronze-Reiterstatue des Kaisers Marcus Aurelius (121–180 n. Chr.) in Rom.

i **Folter und Menschenwürde:** Die Missachtung der Menschenwürde, die bei jeder schweren Menschenrechtsverletzung stattfindet, ist im Falle der Folter besonders gravierend, zielt die Folter doch darauf ab, den Willen eines Menschen zu brechen und damit seine Subjektqualität unmittelbar zu negieren. Wie sonst vielleicht nur im Falle der Versklavung wird der Mensch in der Folter restlos verdinglicht, das heißt zur willkürlich benutzten Sache herabgewürdigt. Die Folter verfolgt das Ziel, den Willen des Betroffenen zu brechen und ihn – auf ein hilfloses Bündel von Schmerz, Angst und Scham reduziert – als Mittel zur Informationsgewinnung, Einschüchterung oder Demoralisierung zu missbrauchen. Gleichzeitig bleibt das Bewusstsein des Menschen erhalten: Er erlebt die eigene Totalverdinglichung und soll genau daran zerbrechen. (Heiner Bielefeldt, Zur Unvereinbarkeit von Folter und Rechtsstaatlichkeit, in: Aus Politik und Zeitgeschichte, 36/2006, S. 7)

i **Begriff der Folter:** Von der Verankerung eines absoluten Folterverbots im Völkerrecht ist die Frage zu unterscheiden, was eine Handlung zu Folter im Sinne des Völkerrechts macht. Nicht jede erniedrigende und unmenschliche Behandlung stellt bereits Folter dar. (...) Was Folter ist, definieren die verschiedenen völkerrechtlichen Abkommen. (...) So beschreibt Art. 1 (...) Folter als jede Handlung, durch die einer Person vorsätzlich große körperliche oder seelische Schmerzen oder Leiden zugefügt werden, zum Beispiel um von ihr oder einem Dritten eine Aussage oder ein Geständnis zu erlangen, um sie für eine tatsächlich oder mutmaßlich von ihr oder einem Dritten begangene Tat zu bestrafen oder um sie oder einen Dritten einzuschüchtern oder zu nötigen, oder aus einem anderen, auf irgendeiner Art von Diskriminierung beruhenden Grund, wenn diese Schmerzen oder Leiden von einem Angehörigen des öffentlichen Dienstes oder einer anderen in amtlicher Eigenschaft handelnden Person, auf deren Veranlassung oder mit deren ausdrücklichem oder stillschweigendem Einverständnis verursacht werden. Der Ausdruck umfasst nicht Schmerzen oder Leiden, die sich lediglich aus gesetzlich zulässigen Sanktionen ergeben, dazu gehören oder damit verbunden sind. (Thomas Bruha, Christian J. Tams, Folter und Völkerrecht, a.a.O., S. 17f.)

9 Ein Volk wehrt sich oder: die 13. Tat des Herkules

Im Folgenden führt Cicero ein Beispiel an, bei dem sich Verres in seiner Gier kräftig blamiert hat. Gleichzeitig wird für die Zuhörer deutlich, dass es auch Widerstand gegen den räuberischen Provinzstatthalter gab. Dies zeigen die Einwohner von Agrigent, einer Stadt Siziliens.

W aes, aeris n.; precēs, um; surgere; afficere; quisque; nocturnus

G Komparativ

12 Herculis templum est apud Agrigentinos non longe a foro, sane sanctum apud illos et religiosum. Ibi est ex aere simulacrum ipsius Herculis, quo non facile dixerim quicquam me vidisse pulchrius – tametsi non tam multum in istis rebus intellego, quam multa vidi – usque eo, iudices, ut rictum eius ac mentum paulo sit attritius, quod in precibus et gratulationibus non solum id venerari, verum etiam osculari solent.

Herculēs, is: Herkules – **Agrigentīnī, ōrum:** EV – **sānē:** überaus – **religiōsus:** heilig – **dixerim:** Potentialis

usque eo: in dem Maße (schön) **rictus, ūs:** offener Mund – **mentum:** Kinn – **atterere** (PPP attrītum): abreiben – **precēs, um** ← precārī **grātulātiō, ōnis:** Danksagung **venerārī:** verehren – **ōsculārī** (←ōsculum): küssen

Eine mit Keulen und Knüppeln bewaffnete Truppe bricht im Auftrag von Verres in den Tempel des Herkules ein. Die Männer überwinden alle Hindernisse und Wächter und entfernen die Riegel gewaltsam, so dass sich die Türflügel problemlos öffnen lassen. Mit großen Hebevorrichtungen soll die Statue weggebracht werden ...

13 Interea ex clamore fama tota urbe percrebruit expugnari deos patrios, non hostium adventu necopinato neque repentino praedonum impetu, sed ex domo atque ex cohorte praetoria manum fugitivorum instructam armatamque venisse. Nemo Agrigenti neque aetate tam adfecta neque viribus tam infirmis fuit, qui non illa nocte eo nuntio excitatus surrexerit, telumque, quod cuique fors offerebat, arripuerit. Itaque brevi tempore ad fanum ex urbe tota concurritur. Horam amplius iam in demoliendo signo permulti homines moliebantur; illud interea nulla lababat ex parte, cum alii vectibus subiectis conarentur commovere, alii deligatum omnibus membris rapere ad se funibus. Ac repente Agrigentini concurrunt; fit magna lapidatio; dant sese in fugam istius praeclari imperatoris nocturni milites. Duo tamen sigilla perparvula tollunt, ne omnino inanes ad istum praedonem religionum revertantur. Numquam tam male est Siculis, quin aliquid facete et commode dicant, velut in hac re aiebant in labores Herculis non minus hunc immanissimum verrem quam illum aprum Erymanthium referri oportere.

percrēbrēscere (Perf. percrēbruī): bekannt werden – **expūgnāre:** erobern **necopīnātus:** unerwartet **repentīnus:** unvermutet – **cohors** (-hortis f) **praetōria:** Gefolge des Prätors – **Agrigentī:** in Agrigent **īnfirmus:** schwach

fors: Zufall – **arripere** (Perf. arripuī): ergreifen – **fānum** ~ templum **concurrere:** zusammenlaufen **permulti:** sehr viele – **dēmōlīrī:** abreißen – **mōlīrī:** sich abmühen **labāre:** schwanken – **vectibus subiectīs:** mit untergelegten Hebebäumen – **dēligāre:** verbinden **fūnis, is:** Seil – **repente** (Adv.) ~ subito – **lapidātiō** f: Steinwürfe **sigillum:** Statuette – **perparvulus** ~ minimus – **religiōnēs:** *hier:* Kultgegenstände – **male est** (+ Dat.): es geht jdm. schlecht – **facētus:** witzig – **in labōrēs referre:** zu den Arbeiten (des Herkules) rechnen **immānis:** wild – **verres, is** m: Eber – **aper Erymanthius:** der Erymanthische Eber

1. Bestimmen Sie den Kasus von *viribus tam infirmis* (Text 13, Z. 5f.) genau in seiner Funktion.
2. Welche Sinnrichtung drückt der konjunktivische Relativsatz *qui … surrexerit* (Text 13, Z. 6) aus?
3. Die Episode in Agrigent hat viele komische Aspekte. Führen Sie sie der Reihe nach auf.
4. Vergleichen Sie die Darstellung des Herkules auf dem Vasenbild mit der Bronze-Statue. Was fällt Ihnen auf?

Herkules animierte viele Künstler zu unterhaltsamen Darstellungen: Das Vasenbild zeigt Herkules, wie er nach Erledigung der Aufgabe, Kerberos (Wachhund des Hades) zu fangen, diesen zu König Eurystheus bringt, der sich vor Angst in ein großes Gefäß flüchtet. Griechische Vase (um 525 v. Chr.)

Römische Bronze-Statue des Herkules, Rom, Vatikanische Museen

Vergrößerung des oben abgebildeten Vasenbildes: Herkules mit seinen typischen Attributen: Löwenfell und Keule

10 Ceres und Proserpina – Mutter und Tochter als Zielscheibe

Da die Stadt Henna, im Zentrum Siziliens gelegen, die Heimat von Ceres gewesen sein soll, wurde hier zu Ehren der Göttin ein Tempel errichtet - und somit ein weiteres Ziel der Habgier des Verres.

W sīgnum, tollere, attingere, libīdō, reliquus, indīgnus

G NcI, Ellipsen

14 Ante aedem Cereris in aperto ac propatulo loco signa duo sunt, Cereris unum, alterum Triptolemi, pulcherrima ac perampla. Pulchritudo periculo, amplitudo saluti fuit, quod eorum demolitio atque asportatio perdifficilis videbatur. Insistebat in manu Cereris dextra grande simulacrum pulcherrime factum Victoriae; hoc iste e signo Cereris avellendum asportandumque curavit. [...] Hic dolor erat tantus, ut Verres alter Orcus venisse Hennam et non Proserpinam asportasse, sed ipsam abripuisse Cererem videretur. [...] Henna tu simulacrum Cereris tollere audebas, Henna tu de manu Cereris Victoriam eripere et deam deae detrahere conatus es? Quorum nihil violare, nihil attingere ausi sunt, in quibus erant omnia, quae sceleri propiora sunt quam religioni: Tenuerunt enim P. Popilio P. Rupilio consulibus illum locum servi, fugitivi, barbari, hostes; sed neque tam servi illi dominorum quam tu libidinum, neque tam fugitivi illi ab dominis quam tu ab iure et ab legibus, neque tam barbari lingua et natione illi quam tu natura et moribus, neque tam illi hostes hominibus quam tu dis immortalibus. Quae deprecatio est igitur ei reliqua, qui indignitate servos, temeritate fugitivos, scelere barbaros, crudelitate hostes vicerit?

apertus: offen - **prōpatulus:** frei

Triptolemus, ī: Gottheit des Ackerbaus (EV) - **peramplus:** sehr groß
pulchritūdō ← pulcher
amplitūdo ← amplus - **dēmōlītiō, ōnis** f: Niederreißen - **asportātiō, ōnis** f: Wegbringen - **perdifficilis:** sehr schwierig - **īnsistere in:** *hier:* auf etwas stehen - **grande:** großartig - **āvellere:** herausreißen
asportāre ← asportātiō - **alter Orcus:** präd. übersetzen - **Orcus:** Gott der Unterwelt (EV) - **asportāsse** ~ asportāvisse - **abripere** ~ ēripere
Victōria: EV - **dētrahere:** wegnehmen - **ausi sunt** <iī>, **in quibus**

propior: näher

P. Popīlius, P. Rupīlius: EV

dēprecātiō, ōnis f: Bitte um Gnade
indīgnitās, ātis f ← indīgnus
temeritās, ātis f: Verwegenheit

1. Bestimmen Sie die Kasusfunktion der unterstrichenen Wörter: *Pulchritudo periculo, amplitudo saluti fuit* (Z. 3).
2. Analysieren Sie den Satz(teil) *sed neque tam servi ... immortalibus.* (Z. 15-19), indem Sie die Funktion und Wirkung der eingesetzten Stilmittel beschreiben.
3. Untersuchen Sie die Wirkung von Ellipsen in diesem Satz genauer.
4. Begründen Sie, weshalb dieser Raub die Provinz Sizilien ins Mark trifft. Beziehen Sie den Informationstext auf S. 29 in Ihre Überlegungen mit ein.

5. Cicero gelingt ein weiteres Meisterstück bei der Charakterisierung von Verres: Mit welchen Personen wird Verres gleichgestellt? Worin gipfelt der Vergleich?

i Proserpina ist die Tochter von Ceres und Jupiter. Kaum ist sie im heiratsfähigen Alter, wird sie von Jupiter heimlich dem Hades versprochen. Als Proserpina auf der Lieblingsinsel ihrer Mutter, auf Sizilien, bei Henna Blumen pflückt, öffnet sich die Erde, Hades ergreift Proserpina und zieht sie auf einem Wagen in sein Schattenreich hinunter, wo Proserpina sehr unglücklich ist und immer wieder unter Wehklagen nach ihrer Mutter ruft. Auf der Suche nach ihrer Tochter erfährt Ceres schließlich, dass ihr Schwiegersohn Hades ist. Aus Wut darüber, dass Sizilien ihrem Kind so viel Unglück gebracht hat, soll sie Dürre und Hungersnot dorthin geschickt haben. Schließlich greift Jupiter vermittelnd ein: Proserpina darf ein Drittel (oder die Hälfte) des Jahres auf die Erde zurück, in der Zeit des Reifens und der Fruchtbarkeit, also im Frühling und Sommer. Sobald die Ernte eingefahren ist und die Natur sich zurückzieht, kehrt sie in die Unterwelt zurück, also im Herbst und im Winter. Ceres nimmt daraufhin ihre Bestrafungen zurück und die Natur in Sizilien erwacht wieder zu neuem Leben.

Wie Hades Proserpina von der Erde raubte und ihr Leid antat, so soll Verres die Statue ihrer Mutter, Ceres, in Henna entehrt haben – ein gewaltiger Vorwurf.

Peter Paul Rubens (1577-1640): Der Raub der Proserpina

Römische Statue der Ceres
(1.-3. Jh. n. Chr.)

11 O magnum atque intolerandum dolorem!

Offizieren des Verres war es gelungen, ein mit wertvoller Beute beladenes Piratenschiff aufzubringen, das vor Siziliens Küste auf Grund gelaufen war. Verres beschlagnahmte die Fracht als sein Eigentum und ließ sich von den zuerst gefangen genommenen Piraten fürstlich für deren Freilassung belohnen. Damit die Öffentlichkeit von diesem korrupten Vorgehen nichts erfuhr, wurden auf Veranlassung des Verres anstelle der Piraten römische Bürger ins Gefängnis geworfen und hingerichtet. Verres' Unmenschlichkeit ging schießlich so weit, dass manche Eltern, deren unschuldige Söhne im Gefängnis saßen und auf die Vollstreckung ihres Todesurteils warteten, schamlos erpresst wurden.

W damnāre, prohibēre, vestis, mercēs, postrēmus, licet, auferre, potestās

G ut-Sätze

15 Includuntur in carcerem condemnati; supplicium constituitur in illos, sumitur de miseris parentibus [...]; prohibentur adire ad filios, prohibentur liberis suis cibum vestitumque ferre. Patres hi, quos videtis, iacebant in limine, matresque miserae pernoctabant ad ostium carceris ab extremo conspectu liberum exclusae; quae nihil aliud orabant, nisi ut filiorum suorum postremum spiritum ore excipere liceret. Aderat ianitor carceris, carnifex praetoris, mors terrorque sociorum et civium Romanorum, lictor Sextius, cui ex omni gemitu doloreque certa merces comparabatur. „Ut adeas, tantum dabis; ut cibum tibi intro ferre liceat, tantum." Nemo recusabat. „Quid? Ut uno ictu securis adferam mortem filio tuo, quid dabis? Ne diu crucietur, ne saepius feriatur, ne cum sensu doloris aliquo spiritus auferatur?" Etiam ob hanc causam pecunia lictori dabatur. O magnum atque intolerandum dolorem! O gravem acerbamque fortunam! Non vitam liberum, sed mortis celeritatem pretio redimere cogebantur parentes. Atque ipsi etiam adulescentes cum Sextio suo de plaga et de uno illo ictu loquebantur, idque postremum parentis suos liberi orabant, ut levandi cruciatus sui causa lictori pecunia daretur. [...] Estne aliquid ultra, quo crudelitas progredi possit? Reperietur; nam illorum, cum erunt securi percussi ac necati, corpora feris obicientur. Hoc si luctuosum est parentibus, redimant pretio sepeliendi potestatem.

carcer, eris: Gefängnis – **condemnāre** ~ damnāre – **sūmere de:** Strafe vollziehen an

vestītus, ūs ~ vestis

līmen, minis: Türschwelle

pernoctāre: übernachten – **ōstium:** Eingang – **līberum** ~ līberōrum

exclūdere (PPP exclūsum): ausschließen

iānitor carceris: Kerkermeister

carnifex: Henker – **terror** ← terrēre

comparāre ~ parāre

intrō (Adv.): hinein

recūsāre: sich weigern

ictus, ūs m: Hieb – **secūris, is** f: Beil

cruciāre: quälen – **ferīre:** schlagen

intolerandus: unerträglich

līberum ~ līberōrum

pretium: Geld – **redimere:** (er)kaufen

plāga: Schlag

pārentis ~ pārentēs – **levāre** ← levis

ultrā (Adv.): darüber hinaus

secūris, is f (Abl.: -i): Beil – **percutere** (PPP percussum): hinrichten

fera: wildes Tier – **lūctuōsus:** *hier:* schmerzlich – **sepelīre:** bestatten

1. Wie gelingt es Cicero, die größtmögliche Anschaulichkeit der Greueltaten zu erreichen?
2. Warum führt hier Cicero den Liktor Sextius vor? Wie wird er beschrieben?
3. Was hofften die Eltern ursprünglich durch Geldgaben erreichen zu können? Was setzten sie tatsächlich durch?
4. Worin liegt die besondere Unmenschlichkeit im „System Verres"? Ziehen Sie zum Vergleich heutige Diktaturen heran.

Statue eines römischen Liktors

i Der Römer sah die Haft lange Zeit noch nicht als Strafe, sondern als bloßes Sicherungsmittel. Daher war die Inhaftierung in einem *carcer* zunächst ein Mittel der magistratischen *coercitio* (Zwangsmaßnahme) oder wirkte als Untersuchungshaft (*custodia reorum*). Der Gefängnisaufenthalt konnte auch dazu dienen, einen schon Verurteilten während der Zeit bis zur Vollstreckung der Strafe unterzubringen. Bei der Erdrosselung wurde der *carcer* sogar Hinrichtungsort (*strangulare in carcere*).

Die Prinzipatszeit brachte Ansätze zur Strafhaft, war sie nun lebenslang (*vincula perpetua*) oder befristet (*vincula temporaria*). Diese Strafe gewann aber keine größere Bedeutung und wurde nicht fester Bestandteil des römischen Rechts.

Neben dem Staat unterhielten auch Privatleute einen *carcer*. Dieser diente dann der Personalvollstreckung gegen Schuldner oder später als Ort der *poena vinculorum* an Sklaven.

Innenansicht des *Carcer Mamertinus* in Rom

12 Ein hochkultivierter Römer als Barbar

Dass Verres sich noch schlimmer als alle Barbaren gebärdet hat, stellt Cicero in den folgenden Ausführungen dar, mit denen er wieder neue Facetten des Angeklagten aufdecken kann.

W vindicāre, persequī, retinēre, concēdere, salūs

G NcI, AcI, Irrealis, Ellipsen

16 Si qui rex, si qua civitas exterarum gentium, si qua natio fecisset aliquid in civis Romanos eius modi, nonne publice vindicaremus, nonne bello persequeremur? possemus hanc iniuriam ignominiamque nominis Romani inultam impunitamque dimittere? Quot bella maiores nostros et quanta suscepisse arbitramini, quod cives Romani iniuria adfecti, quod navicularii retenti, quod mercatores spoliati dicerentur? [...] Si haec apud Scythas dicerem, non hic in tanta multitudine civium Romanorum, non apud senatores, lectissimos civitatis, non in foro populi Romani de tot et tam acerbis suppliciis civium Romanorum, tamen animos etiam barbarorum hominum permoverem; tanta enim huius imperi amplitudo, tanta nominis Romani dignitas est apud omnis nationes, ut ista in nostros homines crudelitas nemini concessa esse videatur. Nunc tibi ego ullam salutem, ullum perfugium putem, cum te implicatum severitate iudicum, circumretitum frequentia populi Romani esse videam? Si mehercule, id quod fieri non posse intellego, ex his te laqueis exueris ac te aliqua via ac ratione explicaris, in illas tibi maiores plagas incidendum est, in quibus te ab eodem me superiore ex loco confici et concidi necesse est.

cīvis ~ cīvēs

nōnne: etwa nicht?

īgnōminia: Schande - **inultus:** ungerächt - **impūnītus:** ungestraft

dīmittere: *hier:* (hin)gehen lassen

quot (indekl.): wie viele? - **adfecti ... retenti ... spoliāti** <esse> - **nāviculārius:** Frachtschiffer - **mercātor:** Kaufmann - **Scythae, ārum:** die Skythen (EV) - **lectus:** auserwählt

imperi ~ imperiī

amplitūdō, inis f ← amplus

omnis ~ omnēs

perfugium: Zufluchtsstätte - **implicāre:** fesseln - **sevēritās, ātis:** Strenge - **circumrētīre:** rings umstricken (wie in einem Netz)

frequentia: Menschenmenge

mehercule: bei Gott! - **laqueus:** Schlinge - **sē exuere** (Perf. exuī): sich losmachen - **sē explicāre:** *hier:* sich herausziehen - **explicāris** ~ explicāveris - **plaga:** Netz - **ab eōdem mē:** durch mich **concīdere:** vernichten - **necesse est:** es ist unausweichlich

1. *Si qui rex ... persequeremur. Possemus ... dimittere?* (Z. 1-5) - Begründen Sie an dieser Textstelle die Verwendung des Irrealis.
2. Erschließen Sie aus Z. 1-8, in welchem Fall der römische Staat gegen andere Völker einschreitet. Worin besteht vor diesem Hintergrund die Ungeheuerlichkeit des Verhaltens von Verres?
3. Was behauptet Cicero im Abschnitt von Z. 8-15?

4. Sammeln Sie aus den Z. 15-21 Begriffe aus dem Jagdwesen. Erinnern Sie sich an das Sprachspiel *verres* = Eber. Was sagt Cicero dem Angeklagten hier durch die Blume?

Goldener Bartkamm mit kämpfenden Skythen (4. Jh. v. Chr.)

Ein Skythe spannt seinen Bogen. Goldener Becher mit Reliefdarstellung von skythischen Kriegern (4. Jh. v. Chr.)

i **Die Skythen:** Das Volk der Skythen, ein Sammelbegriff für verschiedene kriegerische Stämme, breitete sich im 1. Jahrtausend v. Chr. vom Süden Sibiriens bis an die Tore Europas aus. Sie lebten als Nomaden mit großen Pferdeherden und nutzten die modernste Waffe dieser Zeit, die sie zum Schrecken der Antike werden ließ: Mit größter Kunstfertigkeit verleimten sie Tiersehnen mit Knochen und Holzstreifen zu einem „Kompositbogen", mit dem sie ihre Pfeile treffsicher verschossen. Krieg war für sie eine Ausweitung der Jagd, was sich auch darin ausdrückte, dass sie ihre Pfeilspitzen kunstfertig verzierten und teilweise mit Gold verschönten.

Die Skythen hinterließen keine schriftlichen Aufzeichnungen, wurden aber von dem griechischen Geschichtsschreiber Herodot (ca. 490-425 v. Chr.) in seinen „Historien" als Barbaren beschrieben, was wesentlich das Bild der Skythen bei den Römern prägte: Nachdem sie ihre Feinde blitzartig überfallen und besiegt hatten, skalpierten sie sie und galoppierten mit der grausamen Trophäe am Sattel davon. Sie tranken den Wein unverdünnt in großen Mengen und berauschten sich in kleinen, abgedichteten Zelten am Rauch von verbrennenden Hanfsamen. Trotz dieser barbarischen Gebräuche pflegten die Skythen eine hohe Grabkultur. Ihre Toten betteten sie unter große Hügel und gaben ihnen prächtige Goldschätze mit auf die Reise ins Jenseits (s. Abbildungen). Dem Skythenfürsten musste nicht nur seine Frau in den Tod folgen, sondern auch Diener und Dienerinnen wurden ermordet, um ihn auf seinem letzten Weg ebenso zu begleiten wie eine stattliche Anzahl von Pferden, die prächtig mit goldbeschlagenem Zaumzeug geschmückt wurden.

Römer kämpfen gegen Barbaren. Römischer Sarkophag, Portonaccio (180 / 190 n. Chr.)

i **Portonaccio-Sarkophag:** In mehreren Bildebenen wird ein Kampf zwischen Römern und Barbaren dargestellt. Die kriegerische Auseinandersetzung ist in vollem Gange, die ersten Opfer sind bereits zu Boden gegangen.

Im Zentrum dieser Sarkophagseite ist das Gesicht eines Römers nicht ausgearbeitet. Der Auftraggeber wollte wohl nach seinem Tod hier mit seinem Antlitz verewigt werden. Denn es bescherte Römern großen Nachruhm, wenn sie Barbaren bekämpft und besiegt hatten.

Und das Kreuz wurde aufgestellt 13

Die Grausamkeit von Verres erreicht ihren Höhepunkt: Gavius, ein römischer Bürger und wohnhaft in Sizilien, konnte aus den Steinbrüchen fliehen (vgl. M 7 auf S. 36) und gelangte nach Messana, wo er sich sogleich über das ihm angetane Unrecht beschwerte, was zu seinem Verhängnis wurde. Er wurde auf der Stelle verhaftet und Verres, der kurz darauf eher zufällig in die Stadt gekommen war, vorgeführt.

W vinculum, conicere, loquī, querī, utrum ... an ...

G Oratio obliqua

17 Agit [Verres] hominibus gratias et eorum benivolentiam erga se diligentiamque conlaudat. Ipse inflammatus scelere et furore in forum venit; ardebant oculi, toto ex ore crudelitas eminebat. Exspectabant omnes, quo tandem progressurus aut quidnam acturus esset, cum repente hominem proripi atque in foro medio nudari ac deligari et virgas expediri iubet. Clamabat ille miser se civem esse Romanum, municipem Consanum; meruisse cum L. Raecio, splendidissimo equite Romano, qui Panhormi negotiaretur, ex quo haec Verres scire posset. Tum iste: Se comperisse eum speculandi causa in Siciliam a ducibus fugitivorum esse missum; cuius rei neque index neque vestigium aliquod neque suspicio cuiquam esset ulla; deinde iubet undique hominem vehementissime verberari.

O nomen dulce libertatis! O ius eximium nostrae civitatis! [...] Quid? Cum ignes ardentesque laminae ceterique cruciatus admovebantur, si te illius acerba imploratio et vox miserabilis non inhibebat, ne civium quidem Romanorum, qui tum aderant, fletu et gemitu maximo commovebare? In crucem tu agere ausus es quemquam, qui se civem Romanum esse diceret?

benivolentia: Wohlwollen – **ergā** (Präp. m. Akk.): gegenüber **dīligentia:** Sorgfalt – **conlaudāre** ~ collaudāre: sehr loben – **inflammāre:** entflammen – **ēminēre:** sich zeigen
repente (Adv.) ~ subito – **prōripere:** hervorreißen – **nudāre:** entblößen
dēligāre: anbinden – **virga:** Rute
expedīre: bereit machen
mūniceps, cipis m: Bürger (eines Munizipiums, d.h. einer Kleinstadt mit röm. Bürgerrecht) **merēre:** dienen (d.h. Militärdienst leisten)
Consānus: Adj. zu Compsa (EV)
splendidus: angesehen – **Panhormī** (Lok.): in Panormos (EV)
negōtiārī: Handel treiben
speculārī: auskundschaften
fugitīvus: gemeint sind die Aufständischen unter Spartacus
index ~ indicium – **verberāre:** schlagen – **eximius:** ausgezeichnet
lāmina: (Eisen)Platte – **implōrātiō, ōnis** f ← implōrāre – **miserābilis:** bedauernswert – **inhibēre:** hindern
flētus, ūs m ← flēre – **commovēbāre** ~ commovēbāris – **crūx, crūcis** f: Kreuz

1. Wie zeigt Cicero mit sprachlichen Mitteln seine gefühlsmäßige Anteilnahme?
2. Informieren Sie sich, wie römische Bürger behandelt werden mussten! Was ist das Unerhörte an Verres' Vorgehen hier?
3. Versuchen Sie, den Text im Sinne des Redners vorzulesen.
4. Befragen Sie Zeugen dieses Redeteils in einem Interview und erstellen Sie eine Reportage über die Kreuzigung selbst.

Neben der Hinrichtung war eine weitere, sehr schwere Strafe die Einlieferung in Steinbrüche, die nicht selten ebenfalls tödlich endete.

M 7 Die Steinbrüche waren das furchterregendste Gefängnis Siziliens, wahrscheinlich der ganzen Welt. (...) Es war auf etwa einhundertachtzig Schritten Länge und sechzig Schritten Breite in den massiven Fels gehauen und befand sich nördlich von Syrakus auf der befestigten Hochebene von Epipolae, von der man die ganze Stadt überblicken konnte. In diesem Höllenloch, aus dem kein Schrei nach außen dringen konnte, der sengenden Sommerhitze und den kalten Winterschauern schutzlos ausgeliefert, litten Verres' Opfer sowohl unter der Grausamkeit der Wachen wie den niederen Instinkten ihrer Mitgefangenen und starben einen qualvollen Tod. (...) Als wir erst mal drin waren, verlangte Cicero, die Steinbrüche persönlich zu inspizieren – trotz allen Warnungen unsererseits, dass dies zu gefährlich sei. (...) Schimmel wucherte an dem glänzenden, von Kalk zerfressenen Fels, Ratten huschten im Dunkel hin und her, es stank nach Tod und Verwesung, das Schreien und Stöhnen der verlorenen Seelen war zu hören – wahrhaftig, das war der Abstieg in die Unterwelt, in den Orcus. Schließlich kamen wir zu einer zweiten eisernen Tür, und als man auch diese aufgeschlossen und die Riegel zur Seite geschoben hatte, betraten wir das eigentliche Gefängnis. Was für ein Anblick! Es war, als hätte ein Riese Hunderte gefesselter Gestalten in einen Sack gestopft und diesen über einem Loch ausgeleert. (...) In die Felswände waren separate Zellen und Stollen geschlagen, in denen gefoltert und hingerichtet wurde und wo die Wachen aßen und schliefen. (Wie wir später feststellten, war die bevorzugte Hinrichtungsart die mit dem Würgeeisen.) Hier war auch die Gefängnisverwaltung untergebracht, falls man die als solche bezeichnen wollte.

(Harris, S. 165ff.)

Diese Art der Bestrafung verwendeten viele Regisseure zur Darstellung des antiken Sklavenlebens, so auch in dem oscarprämierten Film „Spartacus" (s. Abbildungen).

Der Sklave Spartacus (Kirk Douglas) muss im Steinbruch schuften. Filmszene aus „Spartacus", USA 1960

Spartacus (Kirk Douglas), der Anführer des Gladiatoren- und Sklavenaufstandes, wird an einem Kreuz aufgehängt. Filmszene aus „Spartacus", USA 1960

Am Ende seiner Anklage(schrift) angekommen, ruft Cicero zunächst pathetisch die Götter an und gibt die Schandtaten von Verres nochmals stark verkürzt wieder, um jetzt sein vernichtendes Urteil zu verkünden und um die Zustimmung der Richter zu bitten:

Möge dann den C. Verres, so gewiss wie alle die Taten seiner Ruchlosigkeit, Frechheit, Treulosigkeit, Lüsternheit, Habgier und Grausamkeit unerhört und beispiellos sind, durch euer Urteil ein Ende treffen, wie es ein solches Leben und solche Taten verdienen; und möge sich der Staat und mein Pflichtgefühl mit dieser einen Anklage meinerseits zufrieden geben können, und möge es mir künftig vergönnt sein, lieber rechtschaffene Menschen verteidigen als Bösewichte anklagen zu müssen. (*In Verrem* 2,5,189; Übersetzung: G. Krüger)

Der Prozess hatte am 6. August 70 v. Chr. begonnen und endete am 20. September desselben Jahres mit einem Schuldspruch für Verres.
Er wurde zu einer Zahlung von drei Millionen Sesterzen verurteilt. Ob er diese geleistet hat, ist nicht überliefert. Ein Bruchteil wird wohl über die Konfiszierung seines Eigentums, v.a. seiner Kunstschätze, eingetrieben worden sein, von denen er einen Teil in Rom zurücklassen musste...

... **denn:** Mit *praesto est* (*In Verrem* 2,1,2) (er ist anwesend) wahrte Cicero die Fiktion der Verhandlungssituation, dass Verres angeblich noch die komplette, langwierige Beweisführung über sich ergehen lassen musste. ...

... **aber:** Verres hatte bereits nach der *actio prima* aufgrund der erdrückenden Beweislast Rom sehr schnell verlassen.

Nachdem sich der Mob zerstreut hatte, stahl sich Verres aus dem Tempel und floh - manche sagen als Frau verkleidet - bei Einbruch der Nacht aus der Stadt. Sein Ziel war Massilia im Süden Galliens, ein traditioneller Fluchtpunkt für die Exilanten aus Rom. (Harris, S. 229)

Es wird vermutet, dass Verres einen Großteil seines Vermögens mit ins Exil nehmen konnte.

1. Wie wird die Flucht des Verres auf die anwesenden Zuhörer gewirkt haben?
2. Verfassen Sie abschließend einen Sendebeitrag über den abgeschlossenen Verres-Prozess für eine Nachrichtensendung im Fernsehen oder Radio. Entscheiden Sie, welche unterschiedlichen Formate Sie je nach Sender „produzieren" müssen.
3. Ist es für Sie nachvollziehbar, dass Cicero sich trotz seines schnellen Erfolgs dennoch die Mühe machte, die Anklagerede in aller Ausführlichkeit niederzuschreiben und zu veröffentlichen?
4. Finden Sie Kriterien, die berühmte Personen in die Zeitgeschichte eingehen lassen, und beUrteilen Sie Ihre Ergebnisse kritisch.

A Lernwortschatz

Die Vokabeln in **blauer Schrift** sind bereits in adeo-Norm enthalten.

accusāre	anklagen, beschuldigen
auferre, auferō, abstulī, ablātum	rauben, wegbringen
avāritia	Geiz, Habsucht
causa	Sache, Ursache, Prozess
cōgere	(ver)sammeln, zwingen
commovēre	bewegen, veranlassen
convīvium	Gastmahl, Gelage
cruciātus, ūs m	Folter, Qual
crūdēlitās	Grausamkeit
cupiditās (m. Gen.)	(heftiges) Verlangen (nach), Leidenschaft
dēnique	schließlich, zuletzt
ēripere, ēripiō, ēripuī, ēreptum	entreißen
fāma	(schlechter/guter) Ruf
flāgitiōsus (← flāgitium)	schändlich, lasterhaft
fortūnae, ārum	Hab und Gut, Vermögen
fugitīvus	entlaufener Sklave, Flüchtling, Ausreißer
honestus, a, um	angesehen, ehrenhaft
impūrus, a, um	schmutzig
(in)nocēns, entis	(un)schuldig
integer, gra, grum	unbescholten, rein
intellegere, -legō, -lexī, -lēctum	(be)merken, verstehen
iubēre, iubeō, iussī, iussum (m. Akk.)	anordnen, befehlen
iūdicium	Gericht, Urteil
nefārius, a, um	gottlos, verbrecherisch
nēquitia	Nichtsnutzigkeit, Niedertracht
libīdinōsus, a, um	triebhaft, zügellos
libīdō, inis f (m. Gen.)	(heftiges) Verlangen (nach), Lust, Willkür
mōs, mōris m	Sitte, Brauch; Pl: Charakter
multitūdō, inis f	große Zahl, Menge
mūnīre	bebauen, befestigen, schützen
pollicērī, polliceor, pollicitus sum	versprechen
praedō, ōnis m	Räuber, Plünderer
pudīcitia	Schamhaftigkeit, Ehrgefühl
quantus, a, um	wie groß, wie viel
reddere, reddō, reddidī, redditum	zurückgeben; jmdn. zu etwas machen (m. dopp. Akk.)
redimere, redēmi, redēmptum	los-, frei-, zurückkaufen
scelus, eris n	Verbrechen; Schurke
simulācrum	Bild, Bildnis, Nachbildung
sōcius	Gefährte, Verbündeter
supplicium	flehentliches Bitten; Hinrichtung, Strafe
tantus, a, um	so groß, so viel
vehemēns, ēntis	energisch, heftig
vitium	Fehler, Laster

Der erfolgreiche Ankläger Cicero festigte im Prozess gegen Verres seinen hervorragenden Ruf als Redner und konnte den bis dahin unangefochtenen Hortensius, der als Verteidiger von Verres fungierte, in der Rangfolge der römischen Redner auf den zweiten Platz verweisen.

Dass Cicero in der Karriereleiter immer höher stieg, alle Ämter *suo anno* übernehmen konnte (75 v. Chr. Quästor, 69 v. Chr. Ädil, 66 v. Chr. Prätor, 63 v. Chr. Konsul), ist umso verwunderlicher, als er als sogenannter *homo novus*, als nicht zur Nobilität gehörender Mann, die politische Bühne Roms betreten hatte.

M. Tullius Cicero wurde 106 v. Chr. in Arpinum geboren, einer kleinen Landstadt östlich von Rom. Eine hervorragende Ausbildung im Rechtswesen, in der Philosophie und der Rhetorik, die er in Rom genießen durfte, förderte zum einen seine Talente, stachelte aber auch seinen Ehrgeiz an. Neben einer zunächst unbedeutenden Anwaltstätigkeit in den 80er Jahren unternahm er eine ausgedehnte Studienreise nach Athen und nach Rhodos, wo er sich für die Philosophie begeisterte und aufgrund hervorragender Rhetoren seine Sprechtechnik verbessern konnte. In Griechenland lernte Cicero sowohl Sicht- und Darstellungsweisen der unterschiedlichsten philosophischen Richtungen als auch politische Theorien kennen, so dass er zum ersten eigenständigen Vermittler und abwägenden Interpreten der griechischen Denkart in Rom wurde. In Rom war er bald etabliert und trotz seiner provinziellen Herkunft ein viel gefragter und geschätzter Anwalt und untadeliger römischer Beamter. Während seiner Prätur (66 v. Chr.) hielt Cicero erste politische Reden, in denen er stets die *mores maiorum* und die Wahrung der *res publica* anmahnte und verteidigte. Bei der Aufdeckung der catilinarischen Verschwörung während seines Konsulats 63 v. Chr. verließ ihn sein Gespür für die richtigen politischen Entscheidungen, da er zu selbstherrlich die Anhänger Catilinas ohne Gerichtsverhandlung hinrichten ließ. Letztendlich als Folge dieses Versagens musste er 58 v. Chr. ins Exil gehen, was ihn politisch kaltstellte. Nach seiner Rückkehr verfasste er wichtige Schriften, wie z.B. *De oratore* (54 v. Chr.), *De re publica* (54-51 v. Chr.) und viele meisterhafte Reden wie gegen Piso (*In Pisonem*) oder für Milo (*Pro Milone*), wobei er zunehmend auf philosophische Themen einging. Cicero musste sich auf dem politischen Parkett in Rom sehr vorsichtig bewegen, auch wenn er – als früherer Anhänger von Pompejus – von Cäsar in Gnaden aufgenommen worden war (47 v.Chr.). Bald widmete er sich weiteren philosophischen Studien und es entstanden in den Jahren 46-44 Werke wie „Gespräche in Tusculum" (*Disputationes Tusculanae*) und „Über die Gesetze" (*De legibus*). Nach der Ermordung Cäsars versuchte Cicero ein letztes Mal die Republik zu retten und griff Marcus Antonius in den *Orationes Philippicae* massiv an. Damit hatte er sein eigenes Todesurteil formuliert: Cicero wurde 43 v. Chr. auf Veranlassung von Antonius und Octavianus ermordet. Seine Hände und sein Kopf wurden öffentlich auf dem Forum zur Schau gestellt.

Poeta nascitur, orator fit.
Zum Dichter muss man geboren sein, zum Redner kann man sich ausbilden.

In der griechischen und römischen Antike war die Rhetorik, die Kunst der formvollendeten Rede, von großer Bedeutung. Sie war Bestandteil jeder höheren Bildung und Voraussetzung für eine politische Karriere, deren Fundament in den sogenannten Rhetorenschulen gelegt wurde.
In allen antiken Städten fanden sich zentrale öffentliche Orte, an denen Reden gehalten wurden. In Rom wurde die wichtigste Rednertribüne des Forums vom *comitium* in der Nähe der *curia* von Cäsar mehr zur Mitte des Forums hin verlegt, wo sie heute in ihren Resten noch zu sehen ist (s. Bild). Diese Rednerbühne ist unter ihrer Bezeichnung *rostra* (*rostrum* = Schnabel) bekannt geworden, da hier siegreiche Feldherren die schnabelförmigen Rammsporne der erbeuteten Schiffe an der Mauer der Vorderseite anbringen ließen. Unsere Redensart, dass man so spricht, „wie einem der Schnabel gewachsen ist", trifft insofern auch zu, als man in der römischen Republik Meinungsfreiheit auf dieser ca. 24 Meter langen Bühne hatte.

Rekonstruktion der *rostra*

Überreste der *rostra* auf dem Forum Romanum in Rom

So rechtfertigten sich hier Politiker und Feldherren für ihre Kriegszüge, baten um Zustimmung für Maßnahmen, die das Volk betrafen, versuchten von ihren Vorhaben zu überzeugen, agitierten gegen die Gegner und heischten nach Lob für vollbrachte Leistungen -heutigen Wahlkampfreden nicht unähnlich. Allerdings trat ein antiker Redner nicht wie heutzutage üblich an ein eigens für ihn aufgestelltes Pult als Manuskriptauflage, sondern er trug seine Worte auswendig vor.
Die Bedeutung solcher vor dem Volk vorgetragenen Reden wird vielleicht deutlich, wenn man sich überlegt, dass die Einflussmöglichkeiten eines Politikers in der Gegenwart um ein Vielfaches größer sind, da er die Medien für die Verbreitung seiner Ideen und Ziele nutzen kann, wohingegen

ein Redner damals darauf hoffen musste, dass er das anwesende Volk für sich gewinnen konnte und dass die Zuhörer entsprechend Mundpropaganda für ihn machten. Abschriften von Reden wurden manchmal im Nachhinein zum Lesen angefertigt, wie Cicero es bei den Verres-Reden getan hat, wobei aber hier oft die mündlich vorgetragene von der schriftlichen Fassung stark abwich.

Aber nicht nur Politiker präsentierten sich wortgewaltig dem Volk, auch große Prozesse wurden öffentlich ausgetragen, so dass Anklagereden und Plädoyers für jedermann zugänglich waren wie bei der Verhandlung gegen Verres. Diese Reden fanden aber nicht auf der *rostra*, sondern in oder vor den Gerichtshöfen statt.

Ebenso wurden private Reden im familiären Kreis gehalten, beispielsweise bei Trauerfeiern oder Ansprachen zu besonderen Anlässen, die aber keinen so strengen Regeln unterworfen waren wie die öffentlichen Reden.

Drei Gattungen von Reden (*genera causarum*) lassen sich unterscheiden:

- *genus iudiciale*: Gerichtsrede, d.h. Anklage- und Verteidigungsreden. Diese Gattung folgte einem klaren Aufbau (*partes orationis*):
    1. *exordium:* Einleitung
    2. *narratio:* Schilderung des Sachverhalts
    3. *partitio/divisio:* Ankündigung bzw. Gliederung der Beweise
    4. *argumentatio/confirmatio:* Beweisführung
    5. *refutatio:* Widerlegung des Gegners
    6. *peroratio/conclusio:* Schluss
- *genus deliberativum:* Politische Rede, die z.B. Vor- und Nachteile eines Gesetzesantrags abwog und die Meinung des Redner darstellte.
- *genus demonstrativum:* Festrede oder Gelegenheitsrede, z.B. eine Dankesrede anlässlich eines Sieges.

Folgende Aufgaben mussten beim Verfassen einer Rede beachtet werden (*officia oratoris*):

1. *inventio:* Stoffsammlung
2. *dispositio:* Stoffgliederung
3. *elocutio:* Die stilistische Ausformulierung, die sich in drei Stilarten (*genera dicendi*) unterschied, war für den Erfolg der Rede sehr wichtig:
    - *genus subtile:* schlichter Stil, z.B. in der *narratio*
    - *genus medium:* mittlerer Stil, z.B. in der *argumentatio*
    - *genus grande/sublime:* erhabener Stil, z.B. in der *peroratio*
4. *memoria:* Auswendiglernen
5. *pronuntiatio/actio:* Vortrag

A Stilmittel

Rhetorische Stilmittel, die besonders in der *elocutio* eingesetzt werden, verleihen jeder Rede nicht nur mehr Glanz, sondern zielen auch auf Wirkungen wie Betonungen, Steigerungen und Veranschaulichungen ab. Es folgen einige Beispiele, aufgezeigt an Textstellen dieser Ausgabe:

Tenuerunt enim P. Popilio P. Rupilio consulibus illum locum servi, fugitivi, barbari, hostes; sed neque tam servi illi dominorum quam tu libidinum, neque tam fugitivi illi ab dominis quam tu ab iure et ab legibus, neque tam barbari lingua et natione illi quam tu natura et moribus, neque tam illi hostes hominibus quam tu dis immortalibus. Quae deprecatio est igitur ei reliqua, qui indignitate servos, temeritate fugitivos, scelere barbaros, crudelitate hostes vicerit? (2,4,112)

Anapher: Sätze oder Teilsätze beginnen mit dem gleichen Wort, so dass eine größere Eindringlichkeit erreicht wird:
neque [...] *libidinum*, **neque** [...] *ab legibus*, **neque** [...] *et moribus, neque* [...] *tu dis immortalibus*

Asyndeton: Sätze, Satzteile oder Wörter werden unverbunden aneinandergereiht:
qui indignitate servos, temeritate fugitivos, scelere barbaros, crudelitate hostes vicerit?

Klimax (griech. Treppe, Leiter): Der Inhalt des zuerst Gesagten wird vom Nachfolgenden steigernd überboten: *servi, fugitivi, barbari, hostes*

Parallelismus: Sich entsprechende Wörter oder Satzteile erscheinen in gleich angeordneter Wortfolge – und **Rhetorische Frage**: Scheinfrage, da keine Antwort erwartet wird bzw. erwartet werden kann, so dass sie als Behauptung erscheint:
Quae deprecatio est igitur ei reliqua, qui indignitate **servos**, *temeritate* **fugitivos**, *scelere* **barbaros**, *crudelitate* **hostes** *vicerit?*

Weitere Stilfiguren

Alliteration: Nebeneinanderstehende Wörter beginnen mit demselben Anlaut; dient der inhaltlichen Steigerung und der besseren Einprägsamkeit: *ipse inflammatus* (2,5,161)

Chiasmus: Entsprechende Satzglieder, Satzteile oder Begriffe werden „über Kreuz" zueinander gestellt:

Fit *sermo inter eos et* **invitatio**,
ut **Graeco more** **biberetur** (2,1,66).

Inversion: Umstellung von Satzteilen: **Erat** *hiems summa, tempestas* (2,4,86)

Ellipse: Leicht zu ergänzende Wörter, meist Formen von *esse*, werden weggelassen:
Quid lacrimarum ipsum Neronem putatis profudisse? **<Quid putatis>** *Quem fletum totius Asiae fuisse, quem luctum et gemitum Lampsacenorum* **<fuisse>**? (2,1,76)

Metapher (griech. Übertragung, Bild): Ein Bild wird auf einen ihm eigentlich fremden Sachbereich übertragen: **(Apronius)** *vorago est aut gurges vitiorum* (2,3,23)

Polysyndeton: Wörter, Satzteile oder Sätze werden durch Konjunktionen verbunden: *Nemo Agrigenti* **neque** *aetate tam adfecta* **neque** *viribus tam firmis fuit* (2,4,95)

Praeteritio: Der Redner kündigt an, über etwas nicht sprechen zu wollen, tut es aber doch. So wirkt das Gesagte als allseits bekannt und das Folgende wird dadurch betont:

Itaque primum illum actum istius vitae turpissimum et flagitiosissimum **praetermittam**. *Nihil a me de pueritiae suae flagitiis audiet, nihil ex illa impura adulescentia sua; [...] Omnia* **praeteribo** *(!), [...]* (2,1,32)

Schale und Kern – oder: Wie charakterisiere ich eine literarische Figur?

Charakter (griech. Stempel) meint die – wörtlich übersetzt – fest eingekerbten Wesenszüge eines Menschen in ihrer Gesamtheit.

Eine Charakterisierung ist eine mündliche oder schriftliche Beschreibung und Erläuterung von Charaktereigenschaften einer fiktiven, d.h. literarischen Figur oder einer realen Person.

Wie gehst du vor?

Die Schale

Zunächst sammelst du alle Wesenszüge einer Figur, die auf den ersten Blick erkennbar sind:

- äußeres Erscheinungsbild: Geschlecht, Alter, Körperbau, Haltung, Gesicht(szüge), Gang, Frisur, Kleidung, Stimme, körperliche Besonderheiten
- soziale Situation: Beruf, gesellschaftliche Stellung, Freundschaften, Beziehungen zu anderen Menschen
- äußeres Verhalten: Eigenarten, Gewohnheiten, Verhaltens- und Handlungsweisen, Sprache und Sprechweisen

Der Kern

Diese äußeren Merkmale lassen teilweise auf das Innere eines Menschen schließen. Psychische Eigenheiten können durch folgende Aspekte erschlossen werden:

- psychisches Verhalten: Interessen, Gefühle, Denkweisen, Einstellungen, Vorlieben und Abneigungen, Triebrichtungen, Problemorientierungen, Wertorientierungen, Menschenbild, Weltanschauungen, geistige Fähigkeiten, Träume, Wünsche
- gesellschaftliche Bedingtheit und Wirkung: z.B. Inwiefern wird der Mensch durch seinen sozialen Status geprägt? Welche Verhaltensmuster und Einstellungen ergeben sich daraus? Wie reagiert er daher auf seine Umwelt, wie wirkt er auf sie ein?
- emotionale und soziale Beziehungen: Wie geht die Figur mit Personen um? Wie wichtig sind sie für sie? Wie gehen die anderen – aufgrund möglicher unterschiedlicher Erfahrungen – mit der Figur um? Wie verhält sie sich in Konflikten? Welche Schicksalsschläge hat die Figur eventuell erfahren müssen, die relevant für ihre Entwicklung sind? Wer sind ihre Freunde, wer ihre Feinde? Mit welchen anderen Figuren trifft sie überhaupt zusammen?

Wachstum oder Wandlung

Weiterhin ist es wichtig, darauf zu achten, ob sich die literarische Figur im Laufe des Werkes oder die reale Person während ihres Lebens entwickelt. Sie kann sich beispielsweise aufgrund von veränderten Positionen in Beziehungsgeflechten, wegen eines Berufswechsels, wegen neuer Partner oder möglicher Schicksalsschläge andere Verhaltensweisen zulegen. Wandlungen können dadurch erkennbar werden, dass bisher unbekannte Charaktermerkmale auftauchen, andere hingegen verblassen. Ebenso kann es sein, dass die Figur in sich widersprüchlich wird, dass einige Wesenszüge nicht mehr zueinander passen und keine stichhaltigen Begründungen aufgrund der psychischen Disposition (= innere Verfassung) für bestimmte Handlungen gegeben werden können. Auch das ist ein zu beschreibender Sachverhalt.

Die anderen

Besonderes Augenmerk muss auf die indirekte Charakterisierung durch andere Personen gerichtet werden. Ideal ist es, wenn es mehrere Aussagen unterschiedlicher, fremder wie vertrauter, Personen gibt, damit man sich ein differenziertes, abgerundetes Bild machen kann.
Handelt es sich um noch lebende oder historische Personen, die zu charakterisieren sind, ist es immer ratsam, möglichst objektiv verfasste Biografien einzubeziehen.

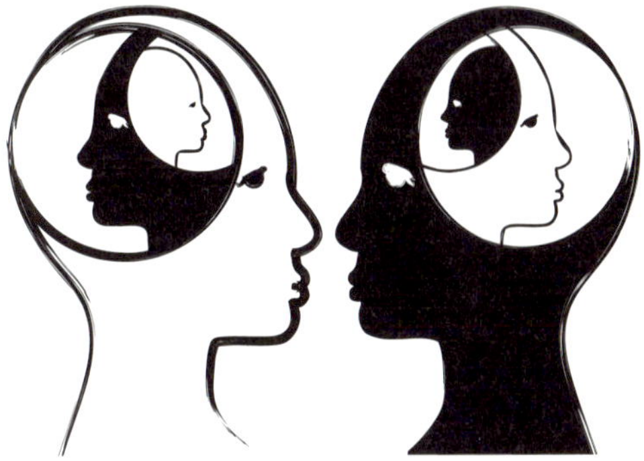

Eigenschaften

Um eine Person oder eine Figur treffend beschreiben zu können, ist ein Fundus an Adjektiven eine große Hilfe. Hier erhältst du einige Anregungen, die du sicher Schale oder Kern zuordnen und erweitern kannst....

Agrigentīnī, ōrum	Einwohner von Agrigent, einer Stadt an der Südküste Siziliens, heute Agrigento
Q. Aprōnius	Sizilier, verpachtete Ackerland an sizilische Bauern und trieb skrupellos auf Befehl von Verres (und eigenständig) immer höhere Abgaben ein
Cerēs	Göttin der Fruchtbarkeit, des Ackerbaus und der Erde, Schutzgöttin Siziliens; Mutter der Proserpina
Gāvius Consānus	Gavius aus Consa, wurde auf Befehl von Verres wegen angeblicher Beteiligung an einem Sklavenaufstand gekreuzigt
Compsa	Ort in Samnium (Mittelitalien)
P. Cornēlius Scīpiō Aemiliānus Āfricānus minor	Konsul 147 v. Chr., eroberte und zerstörte Karthago 146 v. Chr., von Cicero oft nur Āfricānus genannt
M. Glabriō	Prätor und Vorsitzender der Geschworenenkammer
Hades, -is	griech. Gott der Unterwelt = Pluto
Lampsacēnī, ōrum	Einwohner der kleinasiatischen Stadt Lampsakos, die in der heutigen Türkei liegt (heute Lapseki)
Lāodicēa	Stadt in Kleinasien
M. Claudius Mārcellus	hat im 2. Punischen Krieg 212 v. Chr. Syrakus erobert, aber nicht zerstört
Mercurius	Merkur, Götterbote, Gott des Handels, der Kaufleute und der Straßen
Messāna	Messana, Hafenstadt im Osten von Sizilien (heute Messina)
L. Caecilius Metellus	Statthalter Siziliens, Nachfolger von Verres
Orcus, i	Totenreich, Unterwelt; hier: Gott der Unterwelt = Pluto, griech. Hades
Pamphylia	Pamphylien, Landschaft im südlichen Kleinasien
Panhormus, ī	Panormos, Stadt in Nord-Sizilien, heute Palermo
Cn. Papirius	Parteigänger des Marius, Konsul 85, 84 und 82 v. Chr.
Philodāmus	angesehener, reicher Bürger von Lampsakos, einer Stadt in Kleinasien
P. Popilius Laenas	Konsul mit P. Rupilius im Jahr 132 v. Chr.
Prōserpīna	Tochter der Ceres, Gattin des Unterweltgottes Hades
Rubrius	Diener von Verres, unterstützt ihn vor allem in Lampsakos
P. Rupilius	Konsul mit P. Popilius Laenas im Jahr 132 v. Chr., schlug den ersten sizilischen Sklavenaufstand (135-132 v. Chr.) nieder
Scythae, ārum	die Skythen, Nomaden zwischen Don und Donau
Serāpis, -is	Serapis ist ein alter ägyptischer Gott, der zu jener Zeit in vielen griechischen Städten verehrt wurde
Sicilia	Sizilien, seit 241 v. Chr. erste römische Provinz
Siculī	die Sikuler / Sizilier, Einwohner von Sizilien
Sōpater, Sopatrī	Sopatros, Beamter der Stadt Tyndaris
Triptolemus	zusammen mit Demeter als Ackerbaugott in Sizilien verehrt
Tyndarītānī, ōrum	Einwohner von Tyndaris, einer Stadt im Norden von Sizilien, heute Tindari
Victōria	römische Siegesgöttin

1. Text- und Schulausgaben, Übersetzungen

Fuhrmann, Manfred (Hg.): Marcus Tullius Cicero. Die Reden gegen Verres. In C. Verrem. (Lat.-Dt.) Bd. I und II. Darmstadt 1995 (Reihe: Tusculum)

Greve, Rudolf: M. Tullius Cicero. Orationes in Verrem. Paderborn 2002. (Reihe: Lateinische Klassiker)

Keplinger, Klemens: Cicero. Reden. Wien 2001 (Reihe: Lateinlektüre aktiv!)

Krüger, Gerhard (Hg.): Cicero. Reden gegen Verres I-VI. (Lat.-Dt.). Stuttgart 1998

Maier, Friedrich (Hg.): Cicero in Verrem. Kulturkriminalität oder Redekunst als Waffe. Bamberg 2000 (Reihe: Antike und Gegenwart)

Peterson, G. (Hg.): M. Tulli Ciceronis Orationes. Divinatio in. Q. Caecilium. In C. Verrem. Oxford 1907, Repr. 1967 (Reihe: Scriptorum classicorum bibliotheca Oxoniensis)

2. Allgemeine Literatur

Classen, Joachim: Die Rhetorik im öffentlichen Leben unserer Zeit. In: ders. u. Heinz-Joachim Müllenbrock: Die Macht des Wortes. Aspekte gegenwärtiger Rhetorikforschung, Marburg 1992, S. 247-267; auch gekürzt in: Anregung 40 (1994), S. 10-23

Fuhrmann, Manfred: Cicero und die römische Republik. Düsseldorf 2005

Ders: Redekunst am Beispiel Ciceros. Voraussetzungen, Mittel, Ziele. Stuttgart 1997 (Reihe: Colloquium Didacticum)

Ders: Narrative Techniken in Ciceros zweiter Rede gegen Verres. In: AU 23 1980, Heft 3, S. 5-17

Giebel, Marion: Cicero. Mit Selbstzeugnissen und Bilddokumenten. München 1977. (Reihe: Rowohlts Bildmonografien)

Harris, Robert: Imperium. München 2006.

Krause, Jens-Uwe: Kriminalgeschichte der Antike. München 2004

Liebs, Detlef: Vor den Richtern Roms. Berühmte Prozesse der Antike. München 2007

Reitz, Manfred: Berühmte Kunstsammler. Von Verres bis Peggy Guggenheim. Frankfurt/Leipzig 1998

Sagenschneider, Marie: 50 Klassiker-Prozesse. Berühmte Rechtsfälle von der Antike bis heute. Köln 2005

Schepelmann, Wolfgang und Werner Müller: Rostra. Politik und Rhetorik von der Antike bis heute. Wien 2008

Stroh, Wilfried: Cicero. Redner, Staatsmann, Philosoph. München 2008

Weil, Bruno: Der Geiselmord von Lampsakos. Düsseldorf 1958 (nur noch antiquarisch erhältlich)

Zink, Norbert: Cicero gegen Verres: Anklage wegen Amtsmissbrauchs gegen einen römischen Provinzstatthalter. Frankfurt 1990[3] (Reihe: Modelle für den altsprachlichen Unterricht)

3. Text- und Bildnachweis

Robert Harris: Imperium. © 2006 Wilhelm Heyne Verlag, München, in der Verlagsgruppe Random House GmbH. Übersetzung: Wolfgang Müller: 5, 6, 12, 36, 37; Archäologisches Museum, Neapel – Kolorierung: Stefanie Witt, Bamberg: 13; Archiv für Kunst und Geschichte, Berlin: 21, 23, 27, 31, 33; Bildarchiv Preußischer Kulturbesitz, Berlin: 27, 34; Cinetext, Frankfurt: 36; dpa Picture-Alliance, Frankfurt: 5, 19, 22, 27, 29, 31, 33, 37; ideen.manufaktur, Dortmund: 17, 45, 48; iStockphoto Europe GmbH, Berlin: 43, 44, Umschlag; National Archives, Maryland (USA): 19; Verlagsarchiv.

A Karte: Sizilien in der Antike